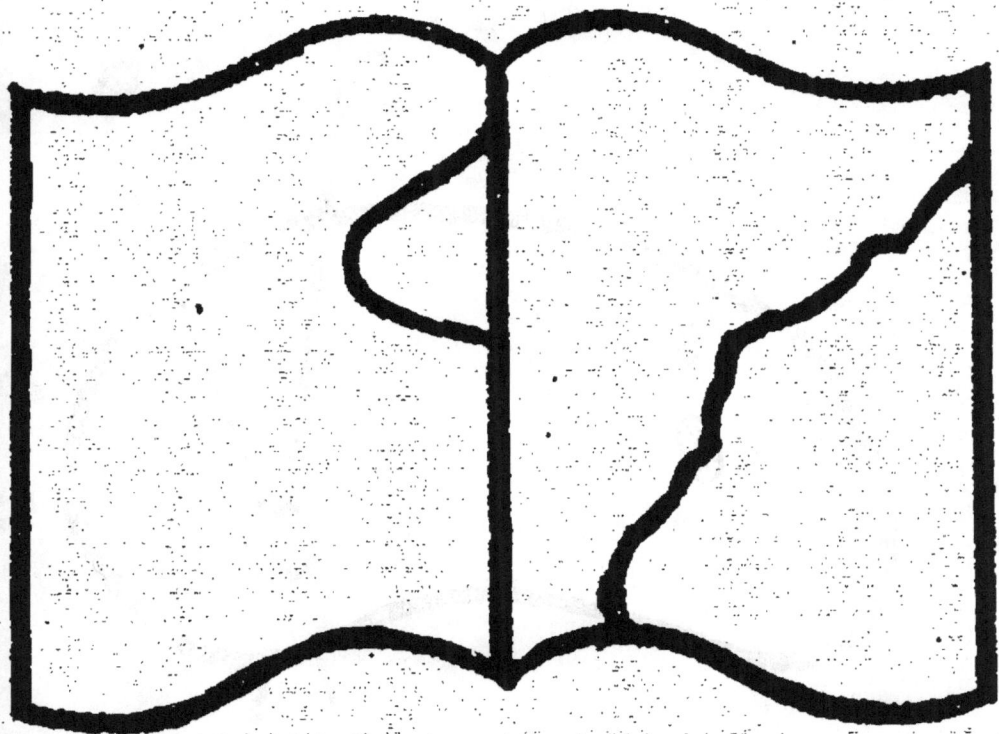

COUVERTURES SUPERIEURE ET INFERIEURE
DETERIOREES

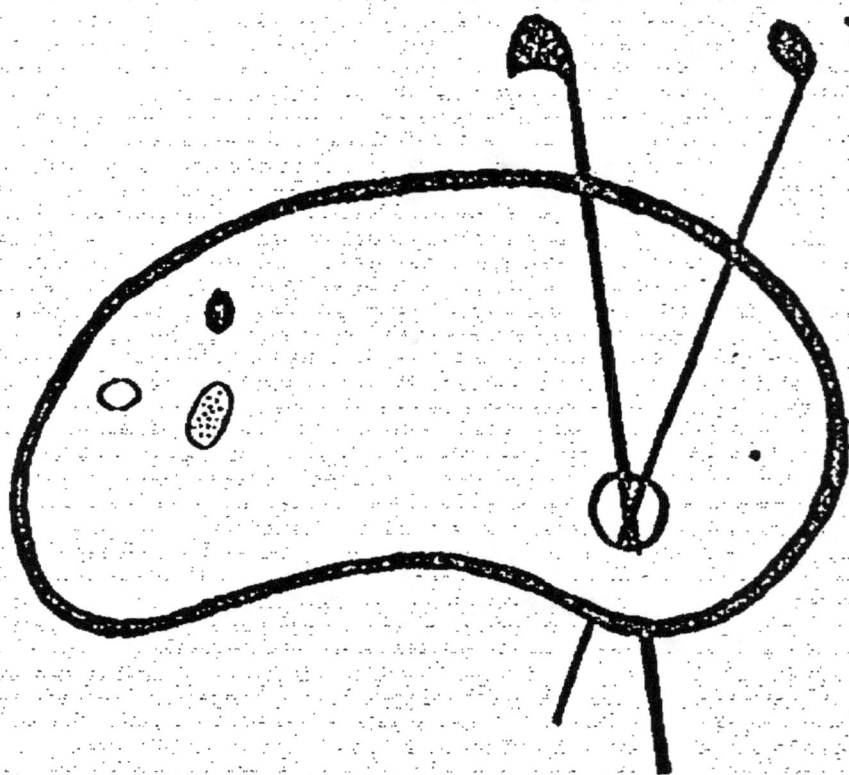

COUVERTURE SUPERIEURE ET INFERIEURE
EN COULEUR

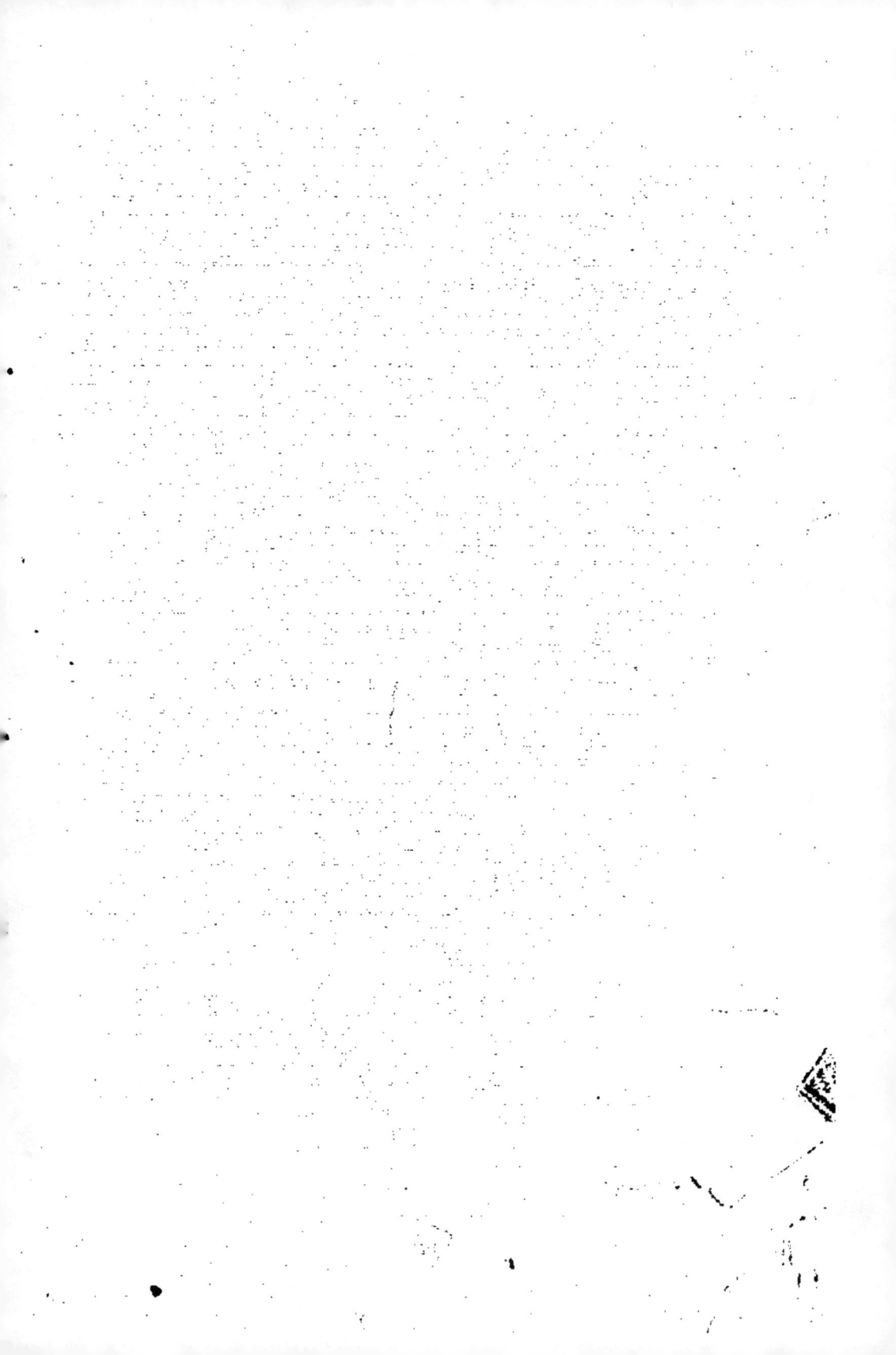

ORACLE INFAILLIBLE

DES DEMOISELLES

ET DES DAMES

7204-83. — CORBEIL. Typ. et stér. CRÉTÉ.

ORACLE INFAILLIBLE

DES

DEMOISELLES

ET DES DAMES

CONSEILLER ET CONFIDENT DU BEAU SEXE

RÉPONDANT

A TOUTES LES QUESTIONS

QUI INTÉRESSENT LES FEMMES

DANS LES DIVERSES CIRCONSTANCES DE LA VIE

PARIS

THÉODORE LEFÈVRE ET Cie, ÉDITEURS

Rue des Poitevins

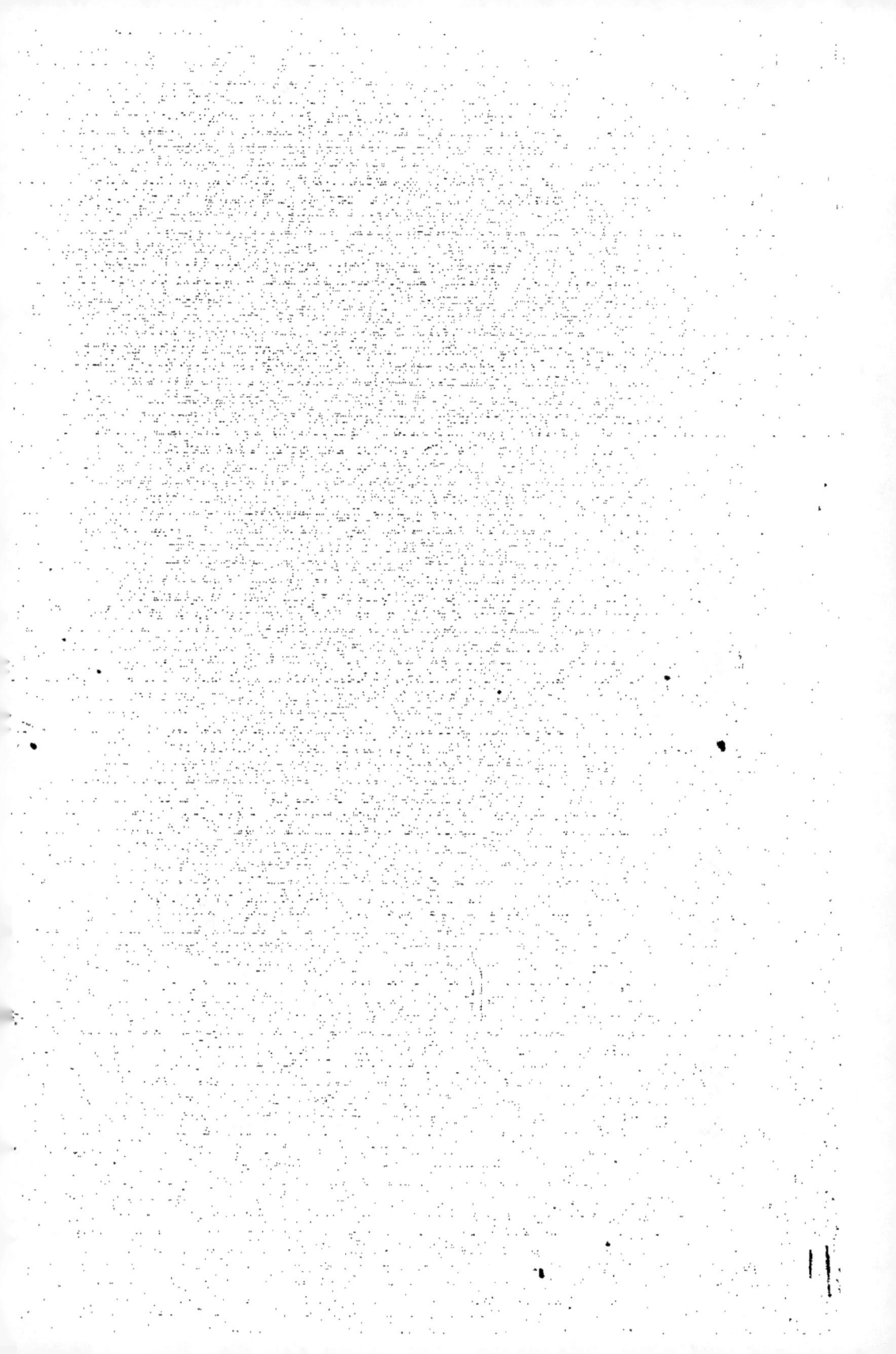

TABLE DES QUESTIONS

QUE L'ON PEUT ADRESSER A L'ORACLE AVEC LA CERTITUDE
D'EN OBTENIR DES RÉPONSES TRÈS-PRÉCISES.

1 Serai-je bientôt mariée?
2 Aurai-je pour mari celui auquel je pense?
3 Mon futur me fera-t-il bientôt la cour?
4 Mon mari me sera-t-il fidèle?
5 Ai-je une rivale?
6 Serai-je heureuse en ménage?
7 Quel est mon principal défaut?
8 Aurai-je beaucoup d'enfants?
9 Serai-je bientôt demandée en mariage?
10 Serai-je veuve?
11 Ai-je raison de l'aimer?
12 Mon mari sera-t-il beau?
13 Celui que j'aime m'aime-t-il?
14 Que pense de moi celui que je dois épouser?
15 Ai-je raison de me marier?
16 Fais-je bien d'accepter son rendez-vous?
17 Mérite-t-il ma confiance?
18 Mon mari sera-t-il riche?
19 Irai-je au bal?
20 Mon mari aura-t-il bon caractère?
21 Me trouve-t-on spirituelle?
22 Mon mari sera-t-il jaloux?
23 Ma rivale est-elle jolie?
24 Mon mari a-t-il aimé avant de me connaître?
25 Mes parents approuvent-ils mon choix?
26 Ai-je des amies sincères?
27 Mon futur est-il brun ou blond?
28 Mon bonheur sera-t-il de longue durée?
29 Verrai-je bientôt celui que j'aime?
30 Mon mari me trompera-t-il?
31 Mon futur a-t-il de l'esprit?
32 Notre brouille doit-elle durer longtemps?

33 Dois-je pardonner?

34 M'aime-t-il autant que je l'aime?

35 Me croit-il sage?

36 Quelle est la cause de mes chagrins?

37 Que dois-je faire pour ne plus m'ennuyer?

38 Dois-je renoncer à le revoir?

39 Reviendra-t-il?

40 Me pardonnera-t-il?

41 Dois-je lui faire l'aveu de ma faute?

42 Habiterai-je la campagne?

43 Qu'est-ce que l'amour?

44 Mon mari sera-il toujours aussi doux?

45 Ai-je raison de me méfier de lui?

46 Dois-je encourager son amour?

47 Recevrai-je une lettre de lui?

48 Aurai-je des chagrins?

49 Comment se conduira-t-il au rendez-vous?

50 Sera-t-il discret?

51 Ai-je vu déjà celui que j'épouserai?

52 Dois-je consentir à quitter le pays?

53 Mon mari sera-t-il jeune?

54 Me remarierai-je?

55 Aurai-je de la fortune?

56 Aurai-je bientôt un enfant?

57 Aimerai-je toujours mon mari?

58 Auquel de mes deux amoureux dois-je accorder la préférence?

59 Quel est celui de nous deux qui portera la culotte?

60 Ne fait-il pas sa cour à ma dot plutôt qu'à moi?

61 Me fait-il la cour pour le bon motif?

62 Que dois-je faire pour qu'il m'aime?

63 Dois-je lui accorder... ce qu'il me demande?

64 Dois-je me méfier de lui?

65 Dois-je avoir confiance dans mes amies?

66 Que dit-on de moi?

67 Retrouverai-je ce que j'ai perdu?

68 M'aimera-t-il encore après ?
69 Comment faire pour refuser?
70 Dois-je préférer l'amour à la richesse?
71 Comment sortirai-je de ce mauvais pas ?
72 Me fera-t-il des cadeaux ?
73 Aurai-je plusieurs amoureux?
74 Lequel de nous deux sera mort le premier?
75 Trouve-t-il ma toilette de bon goût ?
76 Recevrai-je bientôt de bonnes nouvelles?
77 Mon mariage fera-t-il beaucoup de peine au
      blond?
78 Faut-il faire des confidences à mes amies?
79 Que dois-je faire pour le retenir près de moi ?
80 Mon futur me croit-il vertueuse ?
81 Me donnera-t-il de belles toilettes ?
82 Pourrai-je aller au bal ?
83 Abusera-t-il de ma faiblesse?
84 Serons-nous heureux dans nos entreprises ?
85 Dois-je avouer ma faute à mes parents?
86 Quel est son plus grand défaut?
87 Dois-je accepter ses présents ?
88 Me croit-il innocente?
89 Mon prétendu est-il celui que j'ai vu dans un
      rêve ?
90 Lui serai-je fidèle ?
91 Quelle est la cause de ma tristesse ?
92 Dois-je écouter les promesses d'un militaire?
93 Suis-je vraiment jolie ?
94 Qu'ai-je à craindre surtout?
95 Quelle sera ma plus grande surprise après
      mon mariage ?
96 Sera-t-il content le jour de mon mariage?
97 Conserverai-je longtemps mes charmes?
98 Viendra-t-il au rendez-vous ?
99 Sera-t-il économe ?
100 Que fait-il pendant que je pense à lui?

INSTRUCTION

LA MANIÈRE DE CONSULTER L'ORACLE ET D'EN OBTENIR DES RÉPONSES CLAIRES.

Choisissez dans la *Table des Questions* celle que vous voulez adresser à l'Oracle; ensuite, avec la pointe d'un couteau, vous piquez au hasard l'une des lettres du tableau ci-dessous.

A	B	C	D	E
F	G	H	I	J
K	L	M	N	O
P	Q	R	S	T
	U	V	X	

Ayez soin de ne pas oublier le numéro de la question que vous venez de faire; rappelez-vous également la lettre du tableau ci-dessus, sur laquelle le hasard vous aura conduit, puis vous chercherez au tableau ci-après, page XI, le numéro de la question que vous avez adressée à l'Oracle.

Lorsque vous avez trouvé le numéro de votre

question, suivez la ligne transversale dont il forme le commencement jusqu'à la colonne à la tête de laquelle se trouve la lettre alphabétique du tableau ci-dessus, que vous aurez touchée avec la pointe du couteau.

A la rencontre de ces deux colonnes de chiffres vous trouverez celui de la page où vous devez vous reporter pour trouver votre réponse, devant laquelle se trouve la lettre alphabétique que vous avez touchée sur le tableau. Pour mieux nous faire comprendre, prenons deux exemples :

PREMIER EXEMPLE.

Je suppose que vous avez adressé à l'Oracle la question suivante :

Serai-je bientôt demandée en mariage?

Cette question porte le numéro 9, qu'il faut bien se rappeler. Je suppose en même temps que vous avez touché avec la pointe du couteau, la lettre K du tableau fatidique; vous cherchez au grand tableau la ligne transversale qui commence par le numéro 9; vous la suivez jusqu'à la colonne verticale qui commence par la lettre K, et dans le casier où vous vous arrêtez vous trouvez le numéro 60.

Ouvrez alors le livre à la page 60, et cherchez-la lettre K, elle est suivie de la réponse qui es celle-ci :

1.

Quand tu seras moins coquette et plus sérieuse.

DEUXIÈME EXEMPLE.

Supposons encore que vous avez fait la question suivante :

Abusera-t-il de ma faiblesse?

Rappelez-vous que cette question porte le numéro 83, piquez ensuite avec la pointe du couteau l'une des lettres alphabétiques du tableau fatidique, la lettre O, je suppose. Vous cherchez alors au grand tableau la ligne transversale qui commence par le chiffre 83, vous la suivez jusqu'à la ligne verticale qui porte en tête la lettre K, et à la rencontre de ces deux lignes vous trouvez dans la case le numéro 34. Ouvrez alors le livre du destin à la page 34, et à la ligne qui commence par la lettre K, vous trouvez la réponse à votre question, réponse qui est la suivante :

S'exposer à la tentation c'est vouloir y succomber.

Rien n'est plus facile, on le voit, que d'obtenir la réponse aux questions que l'on fait, mais il ne faut pas adresser à l'Oracle plusieurs fois la même question, sous peine de s'attirer des réponses fâcheuses et contraires au but que l'on se propose, c'est-à-dire à une récréation ingénieuse et inoffensive.

———

TABLEAU indiquant le numéro de chaque question et le signe où se trouve la réponse à la question.

Numéros des questions.	A	B	C	D	E	F	H	I	K	L	M	N	O	P	Q	R	S	T	U	X	G	J	V
1	20	24	28	32	36	40	44	48	52	56	60	64	68	72	76	80	84	88	92	»	»	4	8
2	21	25	29	33	37	41	45	49	53	57	61	65	69	73	77	81	85	89	93	»	1	5	9
3	22	26	30	34	38	42	46	50	54	58	62	66	70	74	78	82	86	90	94	»	2	6	10
4	23	27	31	35	39	43	47	51	55	59	63	67	71	75	79	83	87	91	»	»	3	7	11
5	24	28	32	36	40	44	48	52	56	60	64	68	72	76	80	84	88	92	»	»	4	8	12
6	25	29	33	37	41	45	49	53	57	61	65	69	73	77	81	85	89	93	»	1	5	9	13
7	26	30	34	38	42	46	50	54	58	62	66	70	74	78	82	86	90	94	»	2	6	10	14
8	27	31	35	39	43	47	51	55	59	63	67	71	75	79	83	87	91	»	»	3	7	11	15
9	28	32	36	40	44	48	52	56	60	64	68	72	76	80	84	88	92	»	»	4	8	12	16
10	29	33	37	41	45	49	53	57	61	65	69	73	77	81	85	89	93	»	1	5	9	13	17
11	30	34	38	42	46	50	54	58	62	66	70	74	78	82	86	90	94	»	2	6	10	14	18
12	31	35	39	43	47	51	55	59	63	67	71	75	79	83	87	91	»	»	3	7	11	15	19
13	32	36	40	44	48	52	56	60	64	68	72	76	80	84	88	92	»	»	4	8	12	16	20
14	33	37	41	45	49	53	57	61	65	69	73	77	81	85	89	93	»	1	5	9	13	17	21
15	34	38	42	46	50	54	58	62	66	70	74	78	82	86	90	94	»	2	6	10	14	18	22
16	35	39	43	47	51	55	59	63	67	71	75	79	83	87	91	»	»	3	7	11	15	19	23
17	36	40	44	48	52	56	60	64	68	72	76	80	84	88	92	»	»	4	8	12	16	20	24
18	37	41	45	49	53	57	61	65	69	73	77	81	85	89	93	»	1	5	9	13	17	21	25
19	38	42	46	50	54	58	62	66	70	74	78	82	86	90	94	»	2	6	10	14	18	22	26
20	39	43	47	51	55	59	63	67	71	75	79	83	87	91	»	»	3	7	11	15	19	23	27
21	40	44	48	52	56	60	64	68	72	76	80	84	88	92	»	»	4	8	12	16	20	24	28
22	41	45	49	53	57	61	65	69	73	77	81	85	89	93	»	1	5	9	13	17	21	25	29
23	42	46	50	54	58	62	66	70	74	78	82	86	90	94	»	2	6	10	14	18	22	26	30
24	43	47	51	55	59	63	67	71	75	79	83	87	91	»	»	3	7	11	15	19	23	27	31
25	44	48	52	56	60	64	68	72	76	80	84	88	92	»	»	4	8	12	16	20	24	28	32

Numéros des questions.	A	B	C	D	E	F	H	I	K	L	M	N	O	P	Q	R	S	T	U	X	G	J	V
26	45	49	53	57	61	65	69	73	77	81	85	89	93	»»	1	5	9	13	17	21	25	29	33
27	46	50	54	58	62	66	70	74	78	82	86	90	94	»»	2	6	10	14	18	22	26	30	34
28	47	51	55	59	63	67	71	75	79	83	87	91	»»	»»	3	7	11	15	19	23	27	31	35
29	48	52	56	60	64	68	72	76	80	84	88	92	»»	»»	4	8	12	16	20	24	28	32	36
30	49	53	57	61	65	69	73	77	81	85	89	93	»»	1	5	9	13	17	21	25	29	33	37
31	50	54	58	62	66	70	74	78	82	86	90	94	»»	2	6	10	14	18	22	26	30	34	38
32	51	55	59	63	67	71	75	79	83	87	91	»»	»»	3	7	11	15	19	23	27	31	35	39
33	52	56	60	64	68	72	76	80	84	88	92	»»	»»	4	8	12	16	20	24	28	32	36	40
34	53	57	61	65	69	73	77	81	85	89	93	»»	1	5	9	13	17	21	25	29	33	37	41
35	54	58	62	66	70	74	78	82	86	90	94	»»	2	6	10	14	18	22	26	30	34	38	42
36	55	59	63	67	71	75	79	83	87	91	»»	»»	3	7	11	15	19	23	27	31	35	39	43
37	56	60	64	68	72	76	80	84	88	92	»»	»»	4	8	12	16	20	24	28	32	36	40	44
38	57	61	65	69	73	77	81	85	89	93	»»	1	5	9	13	17	21	25	29	33	37	41	45
39	58	62	66	70	74	78	82	86	90	94	»»	2	6	10	14	18	22	26	30	34	38	42	46
40	59	63	67	71	75	79	83	87	91	»»	»»	3	7	11	15	19	23	27	31	35	39	43	47
41	60	64	68	72	76	80	84	88	92	»»	»»	4	8	12	16	20	24	28	32	36	40	44	48
42	61	65	69	73	77	81	85	89	93	»»	1	5	9	13	17	21	25	29	33	37	41	45	49
43	62	66	70	74	78	82	86	90	94	»»	2	6	10	14	18	22	26	30	34	38	42	46	50
44	63	67	71	75	79	83	87	91	»»	»»	3	7	11	15	19	23	27	31	35	39	43	47	51
45	64	68	72	76	80	84	88	92	»»	»»	4	8	12	16	20	24	28	32	36	40	44	48	52
46	65	69	73	77	81	85	89	93	»»	1	5	9	13	17	21	25	29	33	37	41	45	49	53
47	66	70	74	78	82	86	90	94	»»	2	6	10	14	18	22	26	30	34	38	42	46	50	54
48	67	71	75	79	83	87	91	»»	»»	3	7	11	15	19	23	27	31	35	39	43	47	51	55
49	68	72	76	80	84	88	92	»»	»»	4	8	12	16	20	24	28	32	36	40	44	48	52	56
50	69	73	77	81	85	89	93	»»	1	5	9	13	17	21	25	29	33	37	41	45	49	53	57

SUITE DU TABLEAU.

Numéros des questions.	A	B	C	D	E	F	H	I	K	L	M	N	O	P	Q	R	S	T	U	X	G	J	V
51	70	74	78	82	86	90	94	»»	2	6	10	14	18	22	26	30	34	38	42	46	50	54	58
52	71	75	79	83	87	91	»»	»»	3	7	11	15	19	23	27	31	35	39	43	47	51	55	59
53	72	76	80	84	88	92	»»	»»	4	8	12	16	20	24	28	32	36	40	44	48	52	56	60
54	73	77	81	85	89	93	»»	1	5	9	13	17	21	25	29	33	37	41	45	49	53	57	61
55	74	78	82	86	90	94	»»	2	6	10	14	18	22	26	30	34	38	42	46	50	54	58	62
56	75	79	83	87	91	»»	»»	3	7	11	15	19	23	27	31	35	39	43	47	51	55	59	63
57	76	80	84	88	92	»»	»»	4	8	12	16	20	24	28	32	36	40	44	48	52	56	60	64
58	77	81	85	89	93	»»	1	5	9	13	17	21	25	29	33	37	41	45	49	53	57	61	65
59	78	82	86	90	94	»»	2	6	10	14	18	22	26	30	34	38	42	46	50	54	58	62	66
60	79	83	87	91	»»	»»	3	7	11	15	19	23	27	31	35	39	43	47	51	55	59	63	67
61	80	84	88	92	»»	»»	4	8	12	16	20	24	28	32	36	40	44	48	52	56	60	64	68
62	81	85	89	93	»»	1	5	9	13	17	21	25	29	33	37	41	45	49	53	57	61	65	69
63	82	86	90	94	»»	2	6	10	14	18	22	26	30	34	38	42	46	50	54	58	62	66	70
64	83	87	91	»»	»»	3	7	11	15	19	23	27	31	35	39	43	47	51	55	59	63	67	71
65	84	88	92	»»	»»	4	8	12	16	20	24	28	32	36	40	44	48	52	56	60	64	68	72
66	85	89	93	»»	1	5	9	13	17	21	25	29	33	37	41	45	49	53	57	61	65	69	73
67	86	90	94	»»	2	6	10	14	18	22	26	30	34	38	42	46	50	54	58	62	66	70	74
68	87	91	»»	»»	3	7	11	15	19	23	27	31	35	39	43	47	51	55	59	63	67	71	75
69	88	92	»»	»»	4	8	12	16	20	24	28	32	36	40	44	48	52	56	60	64	68	72	76
70	89	93	»»	1	5	9	13	17	21	25	29	33	37	41	45	49	53	57	61	65	69	73	77
71	90	94	»»	2	6	10	14	18	22	26	30	34	38	42	46	50	54	58	62	66	70	74	78
72	91	»»	»»	3	7	11	15	19	23	27	31	35	39	43	47	51	55	59	63	67	71	75	79
73	92	»»	»»	4	8	12	16	20	24	28	32	36	40	44	48	52	56	60	64	68	72	76	80
74	93	»»	1	5	9	13	17	21	25	29	33	37	41	45	49	53	57	61	65	69	73	77	81
75	94	»»	2	6	10	14	18	22	26	30	34	38	42	46	50	54	58	62	66	70	74	78	82

Numéros des questions.	A	B	C	D	E	F	H	I	K	L	M	N	O	P	Q	R	S	T	U	X	G	J	V
76	»»	»»	3	7	11	15	19	23	27	31	35	39	43	47	51	55	59	63	67	71	75	79	83
77	»»	»»	4	8	12	16	20	24	28	32	36	40	44	48	52	56	60	64	68	72	76	80	84
78	»»	1	5	9	13	17	21	25	29	33	37	41	45	49	53	57	61	65	69	73	77	81	85
79	»»	2	6	10	14	18	22	26	30	34	38	42	46	50	54	58	62	66	70	74	78	82	86
80	»»	3	7	11	15	19	23	27	31	35	39	43	47	51	55	59	63	67	71	75	79	83	87
81	»»	4	8	12	16	20	24	28	32	36	40	44	48	52	56	60	64	68	72	76	80	84	88
82	1	5	9	13	17	21	25	29	33	37	41	45	49	53	57	61	65	69	73	77	81	85	89
83	2	6	10	14	18	22	26	30	34	38	42	46	50	54	58	62	66	70	74	78	82	86	90
84	3	7	11	15	19	23	27	31	35	39	43	47	51	55	59	63	67	71	75	79	83	87	91
85	4	8	12	16	20	24	28	32	36	40	44	48	52	56	60	64	68	72	76	80	84	88	92
86	5	9	13	17	21	25	29	33	37	41	45	49	53	57	61	65	69	73	77	81	85	89	93
87	6	10	14	18	22	26	30	34	38	42	46	50	54	58	62	66	70	74	78	82	86	90	94
88	7	11	15	19	23	27	31	35	39	43	47	51	55	59	63	67	71	75	79	83	87	91	»»
89	8	12	16	20	24	28	32	36	40	44	48	52	56	60	64	68	72	76	80	84	88	92	»»
90	9	13	17	21	25	29	33	37	41	45	49	53	57	61	65	69	73	77	81	85	89	93	»»
91	10	14	18	22	26	30	34	38	42	46	50	54	58	62	66	70	74	78	82	86	90	94	»»
92	11	15	19	23	27	31	35	39	43	47	51	55	59	63	67	71	75	79	83	87	91	»»	»»
93	12	16	20	24	28	32	36	40	44	48	52	56	60	64	68	72	76	80	84	88	92	»»	»»
94	13	17	21	25	29	33	37	41	45	49	53	57	61	65	69	73	77	81	85	89	93	»»	1
95	14	18	22	26	30	34	38	42	46	50	54	58	62	66	70	74	78	82	86	90	94	»»	2
96	15	19	23	27	31	35	39	43	47	51	55	59	63	67	71	75	79	83	87	91	»»	»»	3
97	16	20	24	28	32	36	40	44	48	52	56	60	64	68	72	76	80	84	88	92	»»	»»	4
98	17	21	25	29	33	37	41	45	49	53	57	61	65	69	73	77	81	85	89	93	»»	1	5
99	18	22	26	30	34	38	42	46	50	54	58	62	66	70	74	78	82	86	90	94	»»	2	6
100	19	23	27	31	35	39	43	47	51	55	59	63	67	71	75	79	83	87	91	»»	»»	3	7

REPONSES FATIDIQUES DE L'ORACLE

A Oui, mais n'en abuse pas.

B Secret confié, secret perdu.

C Lui, mais tu te remarieras.

D Beaucoup de l'un, beaucoup de l'autre, et tout ira bien.

E Que ta conduite est trop légère.

F Flatte son amour-propre, c'est son côté faible.

H Le plus digne de ton amour.

I Comment, cela te préoccupe déjà !

K Dans trois jours, tout le monde le saura.

L Si tu lui laisses prendre pour un sou de liberté, il en prendra pour dix.

M Non, une grande ville.

N Cela demande réflexion.

O T'aimer, oh ! cela ne l'inquiète guère.

P Une fois, l'occasion fait le larron.

Q Oui, une, et quand tu seras mariée méfie-toi d'elle.

R On est jaloux que de ce qu'on aime.

S Oui, mais le bien mal acquis ne profite jamais.

T Que tes yeux sont bien..... malins.

U Le chagrin que ton mari éprouvera par ton inconduite le tuera.

X Oui, si tu n'es pas jalouse.

G Je ne puis te répondre, puisque tu penses à plusieurs.

J Oui, malheureusement, bien malheureusement pour toi.

V Les mauvais conseils qu'on te donne.

A Il sera trop faible lui-même pour ne pas succomber.

B Être femme jusqu'au bout des ongles.

C Il pense que cela lui coûtera cher.

D Plus facilement que tu ne crois.

E Non, mais qu'importe? tu le perdrais bientôt encore.

F Oui, si cela est honnête.

H Tu n'aurais pas l'énergie suffisante.

I Comment, à ton âge, tu parles d'argent !

K Tu ne connais que lui.

L Si encore il n'écrivait qu'à toi seule, mais...

M Comme l'ivresse, c'est une courte folie.

N Il ne peut s'en empêcher, sa passion le ramènera.

O Oui, le malheureux !

P Assez pour le tirer d'affaire.

Q Tu le sauras bientôt.

R Tu la connaîtras ce soir.

S On trouvera ta toilette de mauvais goût.

T A quoi bon répondre, tu ne demandes que cela.

U Il te trompe et tu ne t'en aperçois pas.

X L'égoïsme ; tu ne penses qu'à toi.

G Pas d'ici longtemps, et ce sera trop tôt encore.

J Oui, grâce à toi et à tes conseils.

V L'innocence de ton mari et sa naïveté.

A   Oui, si votre conduite est bonne.

B   Oui, il est le seul à le croire.

C   C'est lui-même qui les apportera.

D   Il t'a donné son cœur, que te faut-il de plus.

E   L'appétit lui viendra en mangeant.

F   Crois le contraire de ce qu'il te dit.

H   Il n'a pour toi que de l'indifférence.

I   Au moment où tu t'y attendras le moins.

K   Je ne t'y engage pas, au contraire.

L   Beaucoup, mais tu les oublieras vite.

M   Tu serais trop heureuse.

N   Jamais, quoique tu fasses.

O   Les bruits qui courent sur ton compte.

P   Il meurt d'envie de revenir.

Q   Fais ton devoir, tu seras toujours heureuse.

R   On te l'a dit, mais n'en crois rien.

S   Aimable, enjoué, mais d'un caractère faible.

T   Pas de mariage, pas de tête-à-tête.

U   Il sera toujours assez beau pour toi.

X   N'espère pas cela, tu aurais tort.

G   Peut-être.... si tu le mérites.

J   Il pense au plaisir que tu vas éprouver quand il va venir.

V   S'il ne l'est pas viens me consulter.

A Cela les fâchera d'abord, mais ils te pardonneront.

B Il t'en promettra plus qu'il ne t'en donnera.

C Oui, il en fera une maladie.

D Oh ! oui, beaucoup, il t'en cuira.

E Pourquoi te répondre ? ventre affamé n'a pas d'oreilles.

F Tu n'as qu'une amie véritable... ta mère.

H Ne lui accorde aucune faveur, tu le sauras.

I Pourquoi cette question ? J'ose le croire.

K Assez pour que tu en sois jalouse.

L Il succombera à la tentation.

M Tu le sais, serment d'amour est gravé sur le sable.

N Tu n'auras pas à t'en repentir.

O Ne plus faire de cancans.

P Allons, embrassez-vous, et que cela finisse.

Q Demain, et il t'aimera de suite.

R Cela dépend de bien des circonstances.

S On n'y fait guère attention.

T Il te trompe avec une de tes amies.

U C'est un profond menteur, fais-y attention.

X Pourquoi fais-tu cette question ?

G Une ? Non. Plusieurs, et elles sont jolies.

J Plus tôt, hélas ! que tu ne le mérites.

V Oui, jusque dans un âge avancé.

A   C'est de t'aimer plus que tu ne le mérites.

B   Tu aimes trop le bal et c'est ce qui te perdra.

C   Tu sais qu'elles manquent de discrétion.

D   Toi, heureusement pour lui.

E   Ta question m'étonne, je te l'affirme.

F ⸱ Du bien, et c'est surprenant

H   Montre-toi aussi aimable que douce.

I   Le plus jeune des deux.

K   Plus vite que tu ne l'espères.

L   Sois tranquille, discret comme la tombe.

M   Mais il me semble qu'il s'encourage assez lui-même.

N   Jamais, malgré ton désir.

O   Il est déjà trop tard.

P   Il t'aime bien peu, mais cela viendra.

Q   Il ne le pourra pas, sois rassurée.

R   Ton amie la plus sincère, c'est ta conscience.

S   Oui, et il aura tort.

T   Sa fortune sera égale à la tienne.

U   Que tu es laide, mais bonne.

X   Plus tôt que tu ne le voudras.

G   Tu es plus heureuse actuellement que tu ne le seras plus tard.

J   Cela doit t'intéresser peu puisque tu n'y tiens pas.

V   Si tu en doutes, n'y va pas toi-même.

A   Non, si tu dois l'éloigner.

B   Non, mais il en usera largement.

C   N'être coquette qu'avec lui seul.

D   Que tu t'habilles comme une poupée.

E   En te montrant forte et vertueuse.

F   Demande à celui qui l'a trouvé.

H   Réfléchis, tu le sauras bientôt.

I   Chacun son rôle, tu dois obéir.

K   Plus d'amour que de fortune.

L   Cherche bien parmi ceux qui t'entourent.

M   Oui, dans deux mois seulement.

N   Une maladie dont... le mariage est le remède.

O   Oui, si tu lui donnes un peu d'espoir.

P   Il compte bien que non.

Q   Il est bête et méchant.

R   Ni l'un ni l'autre, il est chauve.

S   Belle comme un matinée de printemps.

T   N'y va pas, ta place n'est pas là.

U   Oui! oui! l'occasion fait le larron.

X   Oui, et tu me remercieras plus tard du conseil.

G   Si je te le disais, tu m'accuserais de grossièreté.

J   Quand tu ne te la laisseras plus faire par un autre.

V   Il sera plus économe que riche.

A Tu le crois donc bien niais!

B Oui, si vous avez de l'ordre et de l'économie.

C Oui, mais il saura bientôt qu'il se trompe.

D Des bonnes nouvelles? de qui en attends-tu?

E Il n'y songe même pas.

F Oui, il n'est pas exigeant.

H On t'y engage et avec raison.

I Il aime l'argent et voilà tout.

K Oui, et sache l'élever.

L Quand on est bien quelque part, il faut y rester.

M Tu as bien le temps de penser à cela.

N Ce serait là un bonheur que tu ne mérites pas.

O Oui, et vous n'en serez que plus unis.

P Tu n'as pas su lui résister.

Q Ah! ah! mademoiselle, cela vous ennuie.

R Oui, si tu sais te contenter de peu.

S Jamais, il est froid comme la glace.

T Mou, sans énergie, tu auras à t'en plaindre.

U Quand une fille va au rendez-vous, le diable se frotte les mains.

X Mademoiselle, vous le voyez passer chaque jour sous votre fenêtre.

G Plus que tu n'en pourras nourrir.

J Cela lui sera difficile, il aime le changement.

V Il se dispose à venir te voir.

A   Raconte-moi d'abord ton rêve.

B   Faute avouée est à moitié pardonnée.

C   Tu seras donc toujours la même.

D   Non, il ne tient pas à toi.

E   Oui, beaucoup, prends tes précautions.

F   Tu as donc bien peur de succomber.

H   Pas plus qu'elles ne doivent avoir confiance en toi.

I   Quand il aura obtenu de toi ce que tu sais bien, il t'abandonnera.

K   Non, cela ne durera pas.

L   Tu attaches donc à cela un grande importance !

M   Tu l'apprendras à tes dépens.

N   Si tu as confiance en lui, tu as la foi robuste.

O   Entre lui et toi il ne doit y avoir aucun secret.

P   Renonce à tes projets.

Q   Oui, sinon il va se consoler dans les bras d'une autre.

R   Ce soir, et sois prudente.

S   Il est trop prodigue, ils craignent pour ton avenir

T   On te trouve parfaite sous tous rapports.

U   Son passé n'est pas rassurant.

X   Oui, puisqu'il t'a vue !

G   Quand tous les hommes seront aveugles.

J   Non, mais cela ne tardera pas à venir.

V   Oui, mais tu ne le seras pas longtemps.

A   Je ne saurais trop t'y engager.

B   Il est volage, c'est son péché mignon.

C   Tu le pourras, mais je ne t'y engage pas.

D   Hélas ! tu en grilles d'envie.

E   L'Oracle ne juge pas à propos de répondre.

F   Cela demande réflexion.

H   Que tu es bien heureuse d'être aimée.

I   Laisse-lui voir que tu l'aimes.

K   Ni l'un ni l'autre, tu peux m'en croire.

L   Oui, et presque malgré toi.

M   Tout le monde le sait déjà.

N   Pas d'avances, il te trouve déjà coquette.

O   Oui, jusqu'à l'âge de cinquante ans.

P   Cela te sera facile, tu ne l'aimes plus.

Q   A ton âge, on aime toutes les femmes.

R   Non, et ce ne sera pas la faute de ta meilleure amie.

S   Quelques-unes, mais ne compte pas trop sur elles.

T   Il feindra de l'être pour dissimuler ses farces.

U   A ton âge on parle d'amour, jamais d'argent.

X   Il te croit vertueuse et candide.

G   Pendant un an, et cela te paraîtra long.

J   A quoi bon te tracasser d'avance !

V   Crois-moi, ne t'inquiète pas à ce sujet, tu resteras fille.

A   Tu es jalouse.

B   Oui, cela l'encouragera.

C   Tu dois au moins t'y attendre.

D   Sois caressante, douce et bonne.

E   Sans goût, sans élégance.

F   A force de ruses et d'adresse.

H   N'y compte pas, tu serais trompée.

I   Si je dis non, tu l'accorderas tout de même.

K   Ton mari sera le maître, il n'en abusera pas.

L   La beauté, voilà ta fortune.

M   C'est le plus laid de tes voisins.

N   Oui, elle t'apprendra de tristes nouvelles.

O   Un flambeau dont le mariage est l'éteignoir.

P   Il en grille d'envie; dans deux jours il sera près

Q   Oui, il a la foi robuste.   [de toi.

R   L'esprit du mal, il te le prouvera.

S   Il est brun, mais il se teint.

T   Ne cherche pas à le savoir.

U   N'écoute pas les propos du dernier cavalier avec
       lequel tu danseras.

X   Et si je répondais non ?

G   Oui, car il le mérite bien.

J   Je ne pourrais te le dire qu'en latin.

V   Demain ou après-demain, ah! que te voilà heu-
       reuse!

A Autant en emporte le vent.

B Il a des soupçons et il te surveille.

C Certainement, par le travail on parvient à tout.

D Tu le crois donc bien naïf.

E Oui, bientôt, mais sois patiente.

F Moins souvent que tu ne le voudrais.

H Non, et cela prouvera en sa faveur.

I Il est digne de toute ta confiance.

K Il te croit plus riche que tu ne l'es.

L Oui, bientôt une charmante petite fille.

M On sait d'où l'on vient, on ne sait pas où l'on va.

N Des chagrins! à toi? le sort serait bien cruel.

O Dans quelques semaines il te battra.

P Oui, la réconciliation est prochaine.

Q Pourquoi es-tu allée au rendez-vous?

R La réconciliation aura lieu cette nuit... dans un songe.

S Plus que tu ne l'espères.

T Pourquoi pas, c'était son droit.

U Égoïste, il ne s'occupera que de sa triste personne.

X Si tu vas seule, tu reviendras... deux.

G Ah! mais, je ne connais pas ton goût.

J Oui, et tant mieux, cela te rendra un peu plus sérieuse.

V Il aurait tort de ne pas l'être, mais...

A Ne te l'a-t-on pas dit assez souvent?

B Pourquoi rougis-tu en me le demandant?

C Oui, mais à ta mère seulement.

D Il voudra que tu sois vêtue simplement et avec goût.

E Tu crois donc qu'il t'aime bien?

F Oui, mais un seul sera sincère.

H Pense à celui que tu aimes.

I Non, leur amitié n'est qu'apparente.

K Il veut t'épouser, n'hésite pas.

L Cela demande réflexion, attends.

M Il sera vieux et laid.

N Comme un homme doit se conduire dans ce cas-là.

O Tu aurais tort, il t'aime trop pour te tromper.

P Ah! voilà ce que c'est d'avoir été légère!

Q Ne plus aller au bal.

R Si tu ne le fais pas, tu seras plus punie que lui.

S Cela te presse donc bien?

T Oui, cela est déjà décidé.

U Spirituelle, mais un peu leste en paroles.

X Mademoiselle, pour vous être agréable, je vous dirai : Oui.

G Il ne te connaît pas encore.

J Oui, mais cela ne sera pas sérieux.

V Tu en as une, mais elle n'est pas à craindre.

A   La plus jolie de tes amies.

B   Dam! qu'en penses-tu?

C   Il a le goût de la dépense, mais tu le corrigeras.

D   Au bal? plus d'une y a laissé son bonheur.

E   Malheureuse! tu n'y songes pas!

F   Presque à la même époque, tous les deux.

H   L'un n'ira guère sans l'autre.

I   Que tu feras son malheur.

K   Sois coquette, mais avec lui seul.

L   Décide-toi, il en est temps.

M   Pour ma part, je ne t'y engage pas.

N   Tu aurais tort de le croire, c'est un bavard.

O   Il n'est pas si timide qu'il veut bien le paraître.

P   Oui, à partir de l'âge de trente ans.

Q   Oh! comme tu es volage!

R   Ton miroir doit te dire que le contraire est impossible.

S   Si tu le rends heureux, il ne pensera pas à d'autres.

T   Une amie sincère? Je n'ose te l'affirmer.

U   Cela sera la cause unique de vos querelles.

X   Oui, si tu es économe.

G   Beaucoup de bien, mais cela durera peu de temps.

J   Ah! tu as déjà peur d'être privée.

V   Non, mais tu ne pourras en vouloir qu'à toi.

A Une grande douleur d'abord, grande joie ensuite.

B Celui que tu aimes ne te regarde pas.

C Pourquoi pas? les petits cadeaux entretiennent l'amitié.

D Tu le sais bien, cela ne t'arrêtera pas.

E Il faut que tu changes de conduite.

F Il attache peu d'importance à cette question.

H Quel mauvais pas? Mademoiselle.

I Qu'as-tu donc perdu?

K La plus belle fille du monde ne peut donner que ce qu'elle a.

L Attends et tu verras.

M Elle te viendra en dormant.

N Oui, et tu ne le trouves pas à ton goût.

O Non, il ne t'écrira jamais, c'est fini.

P Un feu difficile à éteindre.

Q Non, il n'y tient pas, c'est fini.

R Oui, avec lui, pas avec l'autre.

S Plus d'esprit que de cœur.

T Blond, laid, mais bon.

U Laide, mais habile.

X Oui, et tu t'en souviendras longtemps.

G Peut-être; prends quelques jours de réflexion.

J Tu crois donc que tu l'aimes! interroge-toi.

V A quoi bon te dire ce que tu sais mieux que moi.

A Oui, s'il n'est pas difficile.

B Oh! cela demande bien des réflexions.

C Oui, mais il ne le croira pas longtemps.

D Non, vous serez trompés indignement.

E Il sait tout, il vaut mieux que tu avoues.

F Non, car on te trompe.

H Beaucoup et de bien beaux.

I Prends garde que petite pluie n'abatte grand vent.

K Il est sincère autant que tu es belle.

L Tu oses le demander?

M Dans onze ans seulement.

N Oui, si tu n'as plus de famille.

O Tu en auras jusqu'à la fin de tes jours.

P Il lui faudrait une bien grande patience.

Q Une pluie de baisers lavera tout.

R Parce qu'il en aime une autre.

S Non, et tu l'auras ramené par tes avances.

T Non, tu es trop ambitieuse.

U Oui, une écuyère du Cirque.

X Il sera froid, réservé, mais profondément dévoué.

G Je ne puis approuver une telle conduite.

J Il ne laissera rien à désirer sous ce rapport.

V Non, malheureusement pour toi, tu le regretteras.

2.

A   Plus tôt que tu ne voudrais.

B   Oui, jolie, mais bien sotte.

C   Oui, et comment le trouves-tu?

D   Oui, ils te consoleront.

E   Il ne s'occupera jamais de cela.

F   Oui, mais il se consolera vite.

H   Beaucoup, tu pourras choisir selon ton goût.

I   Ne lui laisse prendre aucune familiarité.

K   Oui, si tu veux trahir ton secret

L   Il t'a demandé un rendez-vous; méfie-toi.

M   Demande-le-moi dans un mois.

N   Aussi jeune que vous pourrez le désirer.

O   Ah diable! mais c'est difficile à dire.

P   Oui, ta dot seule l'attire.

Q   Cela t'ennuie et je le conçois.

R   Ne plus faire ce que tu as fait.

S   Ah! l'oracle sait bien comment cela va finir.

T   Plus tôt que tu ne le mérites.

U   Ils le savent bourru, ils ne l'accepteront jamais.

X   Ta beauté empêche de remarquer ton esprit.

G   Je t'engage à prendre des renseignements.

J   Non, il ne t'a même pas remarquée.

V   Bientôt? Non, dans quelques années.

A Rien ne saura l'en empêcher.

B Qu'il ne connaisse ton passé.

C N'est-ce point plutôt à moi de te le demander?

D L'avarice et c'est beaucoup.

E Il ne le voudra pas, et il aura raison.

F Non, ou tu ne tarderas pas à t'en repentir.

H Celui qui se porte le mieux en ce moment.

I Contentement passe richesse.

K Que tu succomberas bientôt à la tentation.

L Feins d'en aimer un autre.

M Le plus travailleur.

N Oui, mais surtout choisis bien.

O Moins tu lui accorderas, moins il parlera.

P N'aie même pas l'air de l'avoir remarqué.

Q Oui, dans un pays riche et délicieux.

R Cela ne me regarde pas; réfléchis.

S Vous saurez cela plus tard.

T Oui, chien enragé mord partout.

U Oui, la plus laide de celles que tu connais.

X Ce sera son seul défaut.

G Riche de bonnes intentions, mais cela sera tout.

J Il n'a jamais pensé à toi.

V Tu n'as que cela à craindre, et cela t'arrivera.

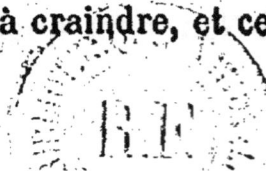

A   Cela dépendra de toi surtout.

B   Ah! comme c'est difficile à dire?

C   Tes parents ne veulent pas l'accepter.

D   Oui, avec le consentement de tes parents.

E   Si tu lui fournis l'occasion il en profitera.

F   Ne pas tant aimer la toilette.

H   Ridicule, et il a ma foi raison.

I   Quand tu voudras, cela dépend de toi.

K   Il l'a, il le gardera.

L   Ce qu'il te demande?... Tu ne l'as plus.

M   Toi, mais n'en abuse pas.

N   Ne pense pas à cela.

O   La dernière fois que tu es allée à la campagne.

P   Tu aurais tort d'espérer cela, tu serais déçue.

Q   L'amour est un impôt forcé.

R   Il t'aime de plus en plus.

S   Oui, et avec raison.

T   Assez pour renoncer à toi.

U   Ne fais pas cette question à l'aveugle destin.

X   Assez jolie et douce, ce qui te fera tort.

G   Une seule fois, le jour de tes noces.

J   Oui, mais à lui je n'en dirais pas autant.

V   Tu ne l'as vu qu'une fois, et tu l'aimes déjà!

A Il pense à toi.

B Moins qu'il ne l'espère.

C Les militaires ne peuvent aimer longtemps.

D Oui, mais pourras-tu le lui prouver?

E Oui, à la condition de faire tout par vous-mêmes.

F Oui, mais une de tes amies le mettra au courant.

H Oh! oui, beaucoup et d'excellentes.

I Oui, il commencera dès demain.

K C'est une lampe facile à éteindre.

L C'est plutôt à lui de se méfier de toi.

M Dans le doute abstiens-toi.

N Quand tu seras plus réservée.

O Non, tâche de t'y créer une position.

P Tu n'en auras pas, tu es trop insouciante.

Q Brutal comme un ours, mais un cœur excellent.

R Il en meurt d'envie, patience!

S Parce qu'on sait que tu as été légère.

T Il reviendra demain, mais moins amoureux.

U Heureuse autant que tu seras bonne.

X Qu'importe? un bon reste vaut bien une mauvaise part.

G Non, parce que tu ne sauras pas le prendre.

J Tu n'y gagneras rien, mais tu y perdras... quelque chose.

V Non, si tu l'aimes, puisque l'amour rend aveugle.

A   Tu es bien pressée il me semble

B   Encore pendant dix ans.

C   N'as-tu rien de mieux à demander?

D   Ah! vous rêvez? Mademoiselle.

E   Oui, ce sont tes meilleurs amis.

F   Il te laissera choisir à ton goût.

H   Cela te fera plus de peine qu'à lui.

I   Non, ton caractère les éloignera.

K   Tu serais bien fâchée de refuser.

L   Abstiens-toi! ta confiance serait mal placée.

M   Non, c'est un farceur.

N   Je ne puis répondre aujourd'hui.

O   Aussi jeune qu'amoureux et bon

P   Tu sais, la chair est faible.

Q   Il t'aime comme il aime toutes les femmes.

R   Il n'est pas temps encore.

S   Pardonne-lui, cela te consolera.

T   Non, demain cela serait à recommencer.

U   Jamais, il te fuit.

X   Ils n'ont rien à te refuser.

G   Oui, les personnes qui ne le sont pas.

J   Il en est digne sous tous les rapports.

V   Il te le prouvera quand tu le voudras.

A   Oui, si tu sais t'y prendre habilement.

B   Il serait bien sot d'y manquer.

C   Qu'il ne revienne pas.

D   Tu en doutes déjà, c'est mauvais signe.

E   Il est brutal, mais il a bon cœur.

F   Oui, mais il te surveillera de près.

H   Attends quelque temps, cela ne presse pas.

I   Toi, mais tu as le temps d'y songer.

K   On peut vivre pauvre, on n'échappe pas l'amour.

L   Que tu as plus de défauts que de qualités.

M   Tu n'as rien à faire pour cela, il t'adore.

N   Prends celui qui est le plus gai.

O   Oui, avec un homme très-vieux.

P   Et toi? es-tu discrète?

Q   Il t'aime d'autant plus qu'il te croit plus froide

R   Oui, et tu t'y ennuieras beaucoup.

S   Tu demandes cela parce que tu sais qu'il es parti.

T   Cela serait difficile.

U   Éteins son feu, d'autres ne s'y chaufferont pas

X   Tu en auras, mais sache choisir.

G   Il mourra de jalousie.

J   Riche! oui, mais il n'aura pas de cœur.

V   Beaucoup plus de mal que de bien, il a raison.

A Plus tôt que tu ne saurais le supposer.

B Économe de caresses surtout.

C Tu as donc bien hâte de le savoir.

D Tu es triste parce qu'il est parti.

E Prends garde, c'est pour mieux te séduire.

F Si je te dis oui, cela ne t'arrêtera pas.

H Attendre qu'il te demande ce que tu lui offres toujours.

I Il trouve que tu ne sais pas faire valoir tes charmes.

K Une amie t'aidera à en sortir.

L Qu'en ferais-tu?

M Ni donner, ni prêter, cela sera prudent.

N Il est certain que ce sera lui.

O Oui, si tu as de l'ordre et de l'économie.

P Il se cache par timidité.

Q Non, il craint d'être surpris et de te contrarier.

R Une loterie à laquelle tout le monde perd.

S Ah! et pourquoi l'as-tu renvoyé?

T Es-tu sûre de l'être toi-même?

U Ne peux-tu le savoir toi-même?

X D'un blond un peu vif.

G Belle autant que dangereuse.

J Trop souvent, ta vertu y succombera.

V Non, parce que tu es vraiment trop jeune.

A Cela ne dépendra que de toi.

B Il se prépare à venir te voir.

C Non, il ne trouvera pas ce qu'il cherche.

D Prends garde aux changements de garni-
son.

E Il est bien naïf, mais pas encore assez.

F A la condition que tu suivras ses conseils.

H Oui, sans cela il t'abandonnerait.

I N'y compte pas, tu serais trompée.

K Beaucoup trop souvent, il te gâtera.

L Oui, mais cela ne durera pas.

M Non, il est trop sincère pour dissimuler.

N Je ne puis répondre aujourd'hui.

O Demande à ton mari.

P Le bonheur est là, ne l'oublie pas.

Q Oui, quand tu cesseras de plaire.

R Tu en feras ce que tu voudras.

S Parbleu ! est-ce qu'on peut te haïr ?

T Parce que tu ne te marieras pas.

U Aussi longtemps qu'un serment d'amour.

X Oui, si tu oublies le passé.

G Oui, plus qu'il n'aimera à l'avenir.

J Il se mettra rarement en colère, mais il sera
triste.

V Prends garde ! cela est bien dangereux.

A Regarde-toi dans ton miroir, tu verras que cela n'est pas possible.

B Oui, et avec celui que tu aimes.

C Aussi longtemps que tu seras vertueuse.

D Oui, jolie à le rendre fou.

E Oui, c'est lui, le rêve a-t-il été agréable?

F Certainement, mais pas à tes amies.

H N'as-tu pas autre chose à me demander?

I Que cela ne te fasse pas hésiter, il se consolera.

K Oui, mais prends garde, cela ne durera pas long-

L Pourquoi refuserais-tu ton bonheur?   [temps].

M Non, elles sont trop bavardes.

N Tu en doutes, moi aussi.

O Madame, telle n'est pas votre intention.

P Beaucoup trop pour toi.

Q Tu es si jolie que je ne réponds pas de lui.

R Ce n'est pas toi qu'il recherche, c'est le plaisir.

S Il t'en saura bon gré.

T Lui retirer ta confiance.

U Oui, et quelle sera la pénitence, Madame?

X A quoi bon le voir, il ne t'aime pas.

G Cela leur est parfaitement égal.

J Quelques personnes, celles qui ne te connaissent pas bien.

V Non, observe sa conduite et son caractère.

A Heureuse autant qu'on peut l'être.

B Oui, et tu peux avouer que c'est heureux pour toi.

C Oui, tu aurais tort d'y aller de ton côté.

D Qu'il ne s'aperçoive de cela trop tôt.

E Non, et tu t'en repentiras.

F Il est trop confiant, il te l'a prouvé.

H Non, jamais sans ton mari.

I N'aie pas d'autre confidente que toi.

K Que t'importe? si tu vis heureuse.

L Tu as le temps de réfléchir à cela.

M Que ton futur est bien à plaindre.

N N'aie pas l'air d'y attacher d'importance.

O Attends qu'il en vienne un troisième.

P Oui, mais avec beaucoup de peine.

Q Il est plus indiscret qu'une femme.

R Non, tu ne pourrais qu'y perdre.

S Pendant quelque temps, ensuite Paris.

T Oh! non, jamais, ou tu auras du regret.

U Qu'en penses-tu toi-même?

X Il te rendra la monnaie de ta pièce.

G Une amie sincère! c'est difficile à trouver.

J Oui, et il ne tardera pas à te le prouver.

V Aussi riche qu'il sera fidèle, c'est-à-dire peu.

A Tu es trop bavarde.

B Tu aurais tort de compter là-dessus, tu as le temps d'attendre.

C Si tu n'y veilles, il dépensera tout au cabaret.

D Ce sera de n'en éprouver aucune.

E C'est de rester vieille fille.

F Demande à ta mère, elle te le dira.

H Tu sais que oui, et tu en es enchantée.

I Fais durer toujours la lune de miel.

K Ta toilette lui donne beaucoup à réfléchir.

L Aussi heureusement que tu peux le désirer.

M Jamais, fais-en ton deuil.

N Tu l'as déjà accordé, il est trop tard.

O Tu y comptes trop.

P Oui, si tu travailles activement.

Q Oui, il ne fait pas mine de te regarder.

R Ah! Mademoiselle, cela vous ferait bien plaisir.

S Une illusion, nous nous y laissons tous prendre.

T Ton caractère seul l'éloigne de toi.

U Il sait bien à quoi s'en tenir.

X Moins qu'il ne veut le faire croire.

G Je ne le connais pas encore.

J Assez pour te faire bien du tort.

V Non, tu en seras trop vite fatiguée.

A Non, heureusement pour eux, malheureusement pour toi.

B Pourquoi non? où trouverait-il mieux que toi?

C Il se demande si tu l'aimes.

D De plus difficiles le seraient à ta place.

E Consulte tes parents, tu t'en trouveras bien.

F Oui, a-t-il raison de le croire?

H Oui, en ne vous occupant pas des autres.

I Non, et bientôt il te le prouvera.

K Pas avant un mois, mais elles seront très-bonnes.

L Ce n'est pas cela qui le ruinera.

M Oui, jusqu'à ce qu'il soit rassuré.

N Tu as bien choisi, crois-le bien.

O Il t'aime, tu es si jolie que cela ne me surprend pas.

P Oui, si tu te maries bientôt.

Q Cela dépend des circonstances.

R Oui, mais tu les supporteras avec résignation.

S Il sera toujours soumis comme un esclave.

T Non, il ne pense plus à toi.

U Parce que tu sais qu'il est volage.

X Longtemps, longtemps encore, Mademoiselle!

G Oui, si tu n'es pas jalouse.

J Cela doit être; à son âge, tu dois le supposer.

V Ton inconduite lui aigrira le caractère.

A Si tu es riche, cela ne peut pas tarder.

B, Oui, et c'est par ta faute.

C Plus tôt que tu ne l'espères.

D Non, mais il t'aimera tout de même.

E Consulte ton miroir, il te répondra.

F Non, il est bien mieux que cela.

H Tu sais bien qu'ils ne veulent que ton bonheur.

I Oui, si tu n'en demandes pas trop souvent.

K Oui, beaucoup, car il t'aime bien.

L Le désires-tu? C'est probable.

M Évite de le rencontrer et de lui parler.

N Aie confiance dans la plus laide seulement.

O Demande-le-lui franchement.

P Je t'y engage, sans cela il t'arrivera malheur.

Q Si tu l'espères, tu as tort.

R Comme il se conduit habituellement.

S Résiste-lui et tu verras.

T Oui, il se fâchera d'abord, mais il reviendra.

U Crois à sa fidélité.

X Oui, et la pénitence sera douce, j'en suis sûr.

'G Ce soir, il sera près de toi.

J Ils n'y ont pas réfléchi encore.

V Ta conduite prouve que tu l'es bien peu.

A Oui, et tu le seras longtemps.

B Oui, si tu sais être bonne mère et bonne épouse.

C Jamais, il te connaît trop pour faire une semblable imprudence.

D Oui, malheureusement pour toi.

E Qu'il ne te pardonne pas.

F Autant qu'il le sera lui-même.

H Le même que le tien, cherche bien.

I Il vaudra beaucoup mieux que tu restes chez toi.

K Elles savent tout déjà.

L Cela demande réflexion.

M Entre les deux ton cœur balance.

N Que tu es plus sotte que belle.

O Contente-toi d'être aimable.

P Malheureuse! tu n'aimes ni l'un ni l'autre.

Q Oui, et je ne t'en fais pas mon compliment.

R Oui, très-discret, de ce côté-là ne crains rien.

S Malheureuse! l'encourager? où donc alors s'arrêtera-t-il?

T Oui, toujours heureusement pour toi.

U Cela me paraît convenable.

X L'Oracle en doute, et ce n'est pas sans raison.

G Il te trompera comme il en a tant trompé d'autres.

J Non, la jalousie les perd.

V Oui, et il aura de la besogne.

A Certainement, s'il le mérite.

B La coquetterie, cela te perdra.

C Oui, mais d'une façon bien réservée.

D L'ordre et l'économie sont ses deux grandes
  qualités.

E Qui pourrait te surprendre maintenant.

F Une de tes amies t'a trahie.

H Si je dis non, tu les prendras tout de même.

I Ne fais donc pas l'innocente!

K Tu es si jolie que cela doit être bien facile.

L N'as-tu donc rien de plus sérieux à me demander?

M Cela demande une grande prudence.

N Le chercher serait temps perdu.

O Tu en grilles d'envie, cela te regarde.

P Ta question est absurde.

Q Oui, heureusement pour les pauvres

R C'est le plus hardi de tes adorateurs.

S Oui, et je t'engage à la faire voir à ta mère.

T Notre maître absolu à tous.

U Il cherche une occasion, donne-la.

X Lui seul ignore ta légèreté.

S Ne peux-tu le voir par toi-même?

J Ton futur? mais tu n'en as pas.

V Ta rivale? mais je ne t'en connais pas.

A Beau, mais bête.

B Oui, tous beaux et bien portants.

C Pas autant que tu le mériteras.

D Il en court'so une autre.

E Oui, mais sa joie sera courte.

F Promettre et tenir font deux.

H Oui, pourquoi ne le croirait-il pas?

I Avec de la peine, mais vous y arriverez.

K Il n'en est pas sûr, mais cela ne tardera pas.

L Pas de nouvelles, bonnes nouvelles.

M Il t'en promettra, mais voilà tout.

N Pendant huit jours, tout au plus.

O Il est trop honnête pour te tromper.

P Prends-toi adroitement pour l'interroger, tu le
sauras.

Q Trois mois après ton mariage.

R C'est là que tu dois vivre et mourir.

S Un seul, celui de ne pas rester fille.

T Jusqu'à ce que tu le pousses à bout, et alors!...

U Oui, mais ne recommence plus.

X Mademoiselle, vous le savez mieux que moi.

G Cela serait bien à désirer dans votre intérêt
commun.

J Autant que ton existence.

V Non, jamais! c'est un cœur vierge.

3.

A Il le dit, mais n'en crois rien.

B Il est bien tôt encore; du calme! de la patience!

C Oui, mais courage! tâche de le ramener vers toi.

D Quand tu auras cessé d'être une coquette.

E Moins longtemps que ta douceur.

F On te le dit, on ne le pense pas.

H Oui, et tu préfères la réalité au songe.

I Oui, et écoute-bien leurs conseils.

K Ton plumage ne sera pas plus beau que ton ramage.

L Il ne tardera pas à te haïr.

M Beaucoup, ta beauté les attirera.

N Du courage! ne faiblis pas un instant.

O Non, elles cherchent à te trahir.

P Il te trompe avec impudence.

Q Aussi longtemps qu'il sera riche.

R Il vivra quatre ans de plus que toi.

S Il se conduira comme tu le désires.

T Te méfier de lui, tu ne le peux, et pourtant.

U Tu aurais tort de ne pas le faire.

X Ne plus faire de confidence à tes amies.

G Réfléchis, cela n'est pas mon affaire.

J Qu'as-tu donc à lui dire?

V Ils hésitent sans savoir pourquoi.

A Il est incapable de penser.

B Oui, malheureusement pour toi, heureusement pour ton mari.

C Oui, mais choisis bien tes amis et tes amies.

D Non, il ne pense même pas à toi.

E Tu l'apprendras à tes dépens.

F Qu'il en aime une autre.

H Je crains bien que cela ne te soit impossible.

I Il aime trop le plaisir; surveille-le.

K Le bal, sache-le, est l'ennemi du bonheur.

L Jamais, ce serait une grande imprudence.

M Demande-le-moi plus tard.

N Tu hésites! je te plains.

O Que tu es bien peu vertueuse.

P Ne laisse pas voir tes défauts.

Q Choisis le plus doux.

R Tu y tiens trop pour ne pas y parvenir.

S Cela est donc bien grave, Mademoiselle!

T Il est un peu timide, encourage-le du regard.

U Ne préfères-tu pas le séjour à la ville?

X Oui, il se moque de ton amour.

G Je ne crois pas que cela lui soit possible.

J Tu as bien le temps de le savoir.

V Je ne t'en souhaite qu'une.

A Réfléchis, il en est temps encore.

B Oui, mais fais attention.

C Tu es trop curieuse.

D Pas aussitôt que tu sembles le désirer

E Oui, et tu feras bien de suivre son exemple.

F La froideur de ton mari.

H Ta mauvaise conduite.

I Je n'y vois pas d'inconvénient.

K S'exposer à la tentation, c'est vouloir y succomber.

L En t'occupant de lui et de ta maison.

M De bon goût, oui, mais pas en rapport avec ta position.

N Laisse-moi le temps de réfléchir.

O Je savais bien que tu le regretterais.

P C'est ton seul bien, ne le gaspille pas.

Q Seul, le désordre règnera dans ton ménage.

R La santé n'est-elle pas préférable à la fortune?

S Tu le vois chaque jour.

T Oui, mais n'y réponds plus, il t'en cuirait.

U Demande à de plus jeunes que moi.

X Bientôt, mais ne le renvoie plus cette fois.

G Oui, parce que sa bêtise est sans bornes.

J S'il en a, il en fait un bien mauvais usage.

V Il est difficile de le dire, il se teint les cheveux.

A   Quand on approche du feu, on est sûr de s'y chauffer.

B   Oui, beau mais méchant.

C   Un tous les ans pendant quinze ans.

D   Oui, si tu sais le retenir auprès de toi.

E   Il dîne en tête-à-tête avec une de tes amies.

F   Plus que le lendemain.

H   Oui, mais ne lui accorde rien.

I   Le malheureux! oui, il te croit.

K   Vous réussirez comme vous le méritez.

L   Oui, malheureusement pour lui.

M   Oui, d'un notaire pour un héritage.

N   C'est bien là la question d'une femme.

O   Oui, si tu sais entretenir sa flamme.

P   Non, il est aussi bon que laid.

Q   Ta fortune seule lui sourit.

R   Jamais, tu n'en es pas digne.

S   L'oracle ne te le conseille pas.

T   Oui, chaque fois que tu me consulteras.

U   La douceur est la vertu des forts.

X   Oui, prépare-toi à la pénitence, elle sera douce.

G   C'est de rester vieille fille.

J   Seulement jusqu'à l'année prochaine, ce ne sera pas long.

V   Il durera jusqu'à ce que tu sois veuve.

A Nul n'en est plus digne que lui.

B Oui, mais pas pour longtemps.

C Tu es donc bien pressée!

D Non, tu peux être tranquille à cet égard.

E Tu es trop jeune pour songer à cela.

F Non, mais tu auras la santé.

H Crois le contraire de ce que te dit ton miroir.

I Oui, et tu l'aimes beaucoup.

K N'en fais rien, ils te mépriseraient.

L Non, mais n'en demande pas à d'autres.

M Tu crois donc qu'il t'aime beaucoup.

N Non, tu n'es pas assez jolie.

O Cela t'est bien facile, tu en as les moyens.

P Garde-t'en bien, tu choisirais mal.

Q Il ne songe qu'à s'amuser.

R Aussi longtemps qu'il t'aimera.

S Demande-lui son âge, il est près de toi.

T Cela dépendra de toi.

U Tous les amoureux sont à craindre.

X Oui, il ne faut pas tromper un honnête homme.

G Tu dois renoncer complétement à son amour.

J Oui certes, il y va de ton intérêt.

V Tu le verras bientôt, mais pendant peu de temps.

A Riche autant que sot.

B Qu'il aura fort à faire pour te surveiller.

C De bonne heure, et tu ne te remarieras pas.

D Autant que tu resteras sage et bonne.

E N'espère pas un pareil bonheur, tu serais trompée.

F Il vaut mieux que tu le croies que d'y aller voir.

H Que la haine ne succède chez lui à l'amour.

I J'aime mieux le croire que l'affirmer.

K Il est inconstant, il te le prouvera.

L Les premiers mois de ton mariage seulement.

M Demande-le-moi dans un mois.

N Lui, malheureusement pour toi.

O Si tu l'aimais vraiment, cela ne te préoccuperait pas.

P Que tu es bien jeune pour te marier.

Q Quoi que tu fasses, tu n'y parviendras pas.

R Qui hésite, souvent se trompe.

S Tu ferais bien mieux de t'en tenir là.

T S'il t'aime vraiment, il ne parlera pas.

U Il feint la timidité pour mieux te tromper.

X Tu y habiteras dans un château.

G Tu sais bien qu'il est trop tard.

J Tu ne l'aimes pas autant que tu as l'air de le croire.

V Je ne puis te répondre aujourd'hui.

A   Tu y auras beaucoup de succès.

B   C'est une question de tempérament.

C   Oui, tu dois même l'encourager.

D   La légèreté, tu verras où cela te conduira.

E   Oui, mais sache résister à ton empressement.

F   Oui, si tu sais le prendre.

H   Une seule, elle sera désagréable.

I   Tu crois qu'il ne reviendra pas.

K   Oui, quand tu seras sûre de lui.

L   Oh! tu peux en être certaine.

M   Reste toujours charmante comme tu l'es.

N   Il trouve beaucoup à reprendre.

O   Tu regretteras toujours ton imprudence.

P   Je te l'avais bien prédit, une fois perdu c'est pour toujours.

Q   Tu es bien jeune encore, cela ne presse pas.

R   Vous vous ferez mutuellement des concessions.

S   A ton âge, on ne doit penser qu'à l'amour.

T   Son portrait est à la tête de ton lit.

U   Non; une de tes amies l'empêche de t'écrire.

X   Tu le sais mieux que moi.

G   Il n'attend qu'une parole d'encouragement.

J   Oui; mais a-t-il raison de le croire?

V   Il en a, mais bien peu, trop peu.

A Il sera doux, mais triste.

B Prends garde, il n'y a que le premier pas qui coûte.

C Non, mais il aura bien des qualités.

D Oui, tant mieux, tu t'en trouveras bien.

E Hum! le destin n'ose pas encore répondre.

F Il ne pense pas à toi.

H Oui, parce qu'il ne s'apercevra de rien.

I Je n'ose répondre aujourd'hui.

K Oui, et il a raison.

L Oui, par un travail sans relâche.

M Non, et tu ne le verras plus.

N Il n'y a encore rien de décidé.

O Patience, tu seras satisfaite de ce côté-là.

P Oui, si tu sais lui plaire.

Q Oui, il ne t'aime pas, méfie-toi donc.

R Tu lui inspires un amour sincère.

S Dans un an, deux à la fois.

T Fais ce que tu pourras pour y rester.

U Seulement quand tu cesseras d'être vertueuse.

X Doux toujours, bonasse même.

G Lui pardonnerais-tu en semblable circonstance.

J C'est ton amour du luxe et de la toilette.

V Ah! tu voudrais bien que cela finisse!

A   Ta question indique que non.

B   Jusqu'ici, oui certainement, mais prends garde.

C   Comme l'étoile aime le ciel.

D   Quand on est jolie comme tu l'es, il n'y a pas
          longtemps à attendre.

E   Oui, et c'est la plus laide de tes amies.

F   Quelle ardeur te dévore!

H   Jusqu'à ce que ta fille ait dix-huit ans.

I   Oui, mais cela ne durera pas longtemps.

K   Oui, si ce rêve t'a beaucoup fatiguée.

L   Tu as donc commis une faute?

M   Tu auras bien autre chose à penser.

N   Que ne lui demandes-tu à lui-même?

O   Pourquoi pas? de plus jolies que toi en ont
          beaucoup.

P   Veux-tu donc qu'on te prenne de force?

Q   Tu sais ce qu'elles valent, réfléchis.

R   Il y a longtemps qu'il se moque de toi.

S   Pas assez longtemps, malheureusement pour lui.

T   Moins jeune qu'il ne voudra l'avouer.

U   Tu le sauras bien trop vite.

X   La méfiance est le commencement de la sagesse.

G   Vois toi-même, la faute est bien grave.

J   Mettre un terme à tes débordements.

V   Tu le demandes, donc c'est une affaire faite.

A Oui, et avec raison.

B Riche, mais prodigue.

C Que tu es trop bavarde.

D Pourquoi cette question? En aurais-tu le désir?

E Non, tu seras trop légère.

F Non, il ne t'a jamais remarquée.

H Non, et cela ne prouve pas en sa faveur.

I Qu'il cesse de t'estimer.

K Avoue que cela te sera difficile.

L Il est paresseux, tu le corrigeras.

M Quand ton mari jugera à propos de t'y conduire.

N Garde-t'en bien, je te le conseille.

O Ce sera le plus âgé de vous deux.

P Oui, et tu n'en seras que plus heureuse.

Q Que tu as eu tort de lui donner un rendez-vous.

R Ne fais pas attention à lui.

S Dans le doute abstiens-toi.

T Je trouve ta question ridicule.

U Il n'aura rien de plus pressé que de s'en vanter.

X Il t'aime, laisse-le faire, il s'enhardira.

G Qu'est-ce que cela peut te faire?

J Non; n'est-il pas digne de ton affection?

V Non, et pourtant cela n'est pas difficile.

A   Oui, jolie, jolie!

B   Mademoiselle, vous aimez trop le bal, c'est qui vous perdra.

C   Oui, il est grand temps, où je ne réponds de rie

D   Non, car il ne t'aime pas.

E   La paresse! à ton âge c'est honteux.

F   Trop tôt pour lui, pas assez pour toi.

H   Il sera le modèle des maris.

I   Tu as le temps de le savoir.

K   Tu crois qu'il en aime une autre.

L   Non, cela te compromettrait.

M   Je ne réponds de rien, agis en conséquence.

N   En lui prouvant que tu l'aimes et que tu l'estimes.

O   Il trouve que les couleurs sont trop criardes.

P   D'une façon satisfaisante, mais tu y retomberas.

Q   Pas plus que celui qui l'a ramassé.

R   Sitôt prêté, sitôt perdu, tu le sauras bientôt.

S   Ton mari finira par te dompter.

T   De la fortune? saurais-tu t'en servir?

U   Oui, celui auquel tu penses sans cesse.

X   Oh! oui, et une bien charmante lettre.

G   Un supplice que tout mortel endure.

J   Non jamais, heureusement pour vous deux.

V   Il est le seul qui soit assez aveugle pour le croire.

Oh! oui, mais cela ne gâtera rien.

B Charmant, si tu ne le contraries pas.

C Le loup cherche à s'introduire dans la berger'`

D Qu'importe? cela n'a qu'un temps.

E Ne feras-tu pas tout ce qu'il faut pour cela?

F Oui, il ne te trahira jamais.

H Il dit adieu à la vie de garçon.

I Comment veux-tu qu'il en soit autrement?

K Réfléchis, la chose en vaut la peine.

L Oui; oh! il a la confiance facile.

M Oui, si vous n'aimez pas trop le plaisir.

N Oui, hélas! le pauvre homme.

O Demain et de très-bonne heure.

P Quand tu voudras, si tu sais t'y prendre.

Q Oui, si tu n'es pas trop exigeante.

R Il t'adore jusqu'à la folie.

S Tu le sauras plus tard.

T Tu as le temps d'attendre.

U En dehors de là, tu ne trouveras que l'incerti-
tude.

X Oui, à cause de ta légèreté.

G Toujours, si tu ne changes pas toi-même de
conduite.

J Je ne le crois pas si niais que cela.

V Cherche bien, tu le sauras bientôt.

A   Non, et tu sauras bientôt pourquoi.

B   Tu sauras bientôt comment l'esprit vient aux filles

C   Il en est indigne, n'hésite pas à rompre.

D   Il ne pense qu'à toi.

E   Il est bien tard, mais tout espoir n'est pas perdu.

F   Pas une, mais plusieurs, toutes sont jolies.

H   Malgré le désir que tu en as, tu n'y parviendras pas.

I   Rien n'est moins durable.

K   Tu me l'as déjà demandé, petite prétentieuse!

L   Oui, et tu en es bien heureuse.

M   De quelle faute s'agit-il, mademoiselle?

N   Assez, mais pas trop.

O   Il se moque bien de toi, que cela ne t'inquiète pas.

P   Oui, mais ta coquetterie les éloignera.

Q   Résiste, il n'insistera pas longtemps.

R   Elles te font bonne mine, mais elles te haïssent,

S   Il t'aimera tant que tu lui résisteras.

T   N'est-ce pas ton devoir.

U   Il aura l'âge qu'il paraîtra avoir.

X   N'y va pas, c'est plus sûr.

G   Dans quinze jours tu sauras à quoi t'en tenir.

J   Oui, je crois qu'il t'en saura gré.

V   Ne pas tant négliger tes devoirs de femme.

A   Deux seulement, ton père et ta mère.

B   Jaloux comme un tigre.

C   Riche d'amour, pauvre d'écus.

D   Que tu as mauvaise langue!

E   Oui, et promptement consolée, femme sans cœur!

F   Heureuse! tu le seras si tu le mérites.

H   Oui, il t'aime déjà.

I   Oui, et il te ménage une surprise.

K   Que tes parents ne veulent pas.

L   Oui, et tu auras raison.

M   L'indifférence, et cela ne se passera pas.

N   Oui, mais n'y va jamais sans lui.

O   Elles ne tarderaient pas à te trahir.

P   Dors tranquille, cela n'est pas encore décidé.

Q   Sois riche, plus tard on t'aimera.

R   Que tu as plus de chance qu'une femme vertueuse.

S   Cesse d'afficher une toilette ridicule.

T   Réfléchis, cela en vaut la peine.

U   Oui, tu seras malheureuse comme avec le premier.

X   Pourquoi s'en vanterait-il? Il n'y a pas de quoi.

G   Il n'a d'amour que pour l'argent.

J   Plus tard, à cause de ton inconduite.

V   Jusqu'ici, il n'y a pas de raison pour le fuir.

A Ni l'un ni l'autre.

B Aussi belle que tu l'es peu.

C Demande à ton mari ce qu'il en pense.

D Ah! il le faut, tu le sais bien.

E Je le trouve bien orgueilleux, réfléchis.

F Interroge-toi attentivement, tu le sauras.

H Cela dépend de tes parents.

I Économe jusqu'à l'avarice.

K Si je te le dis, cela n'aura plus de charme.

L Il ne t'aime pas, cela t'attriste.

M Oui, mais sois toujours réservée malgré cela.

N Avoues que tu en serais bien aise.

O Petit démon! tu le sais mieux que moi.

P Que ne le lui demandes-tu à lui-même?

Q En me consultant souvent et attentivement.

R Tu sais bien que cela ne se peut.

S Il n'attend que cela pour te quitter.

T Toi d'abord, ton mari ensuite.

U Oui, une fortune considérable.

X Il est près de toi en ce moment.

G Oui, mais ce sera une lettre d'adieu.

J Un impôt que tous sont forcés de subir.

V Mais, jeune fille. il faut bien l'espérer.

A Telle tu es, telle tu resteras.

B Non, jamais, c'est un cœur vierge encore.

C Mauvaise tête, mais bon cœur, sache le prendre.

D C'est un piége, ne t'y laisse pas prendre.

E Aussi bel homme que vous êtes jolie fille, Mademoiselle.

F Un seul, il sera ton bâton de vieillesse.

H Marie-toi toujours, tu sauras cela plus tard.

I Je ne puis te le dire.

K Mais oui ! et toi ?

L Méfie-toi, le cas est dangereux.

M Oui, mais tes amis vont le mettre au courant.

N Tous les obstacles s'aplaniront devant vous.

O Oui, comment feras-tu pour lui prouver qu'il a raison ?

P Tu es donc bien pressée d'en avoir ?

Q Oui, mais il est sans importance.

R Oui, s'il ne trouve pas la satiété.

S Hâte-toi de le congédier, il n'est que temps.

T A l'une et à l'autre.

U Fais ce que dois, arrive que pourra.

X Demande-le-moi demain.

G Parbleu ! il le faut bien, comme tout le monde.

J Oh ! cela n'est pas supposable.

V Oh ! oui ; du reste, la faute n'est pas grave

4

A   Cette nuit dans un songe.

B   Oui, excepté la plus jolie de tes cousines.

C   Oui, mais tu en fais un triste usage.

D   Il est bon, honnête, mais sot.

E   Beaucoup et qui s'en étonnera.

F   Oui, mais n'hésite pas, accepte.

H   Oui, parce que tu as été coquette.

I   Dans un mois, si tu sais être habile.

K   La beauté, comme les roses, n'a qu'un matin.

L   Plus jolie que spirituelle.

M   Tu en as vu plusieurs dans ton rêve.

N   Peut-être, cela demande réflexion.

O   Non, et il aura raison.

P   L'indifférence est son plus grand défaut.

Q   Non, ils te trouveront trop bavarde.

R   Fais-tu bien de renoncer?

S   Moins qu'à des étrangers.

T   Renvoie-le, il est temps.

U   Jusqu'à l'hiver seulement.

X   Il aura plus de soixante ans.

G   Comme tu es en droit de t'y attendre.

J   La méfiance ne doit pas être de ton âge.

V   Oui, mais fais-la-lui connaître indirectement.

A Tu le croiras, tu auras tort.

B Beaucoup, si tu n'as pas besoin de leurs services.

C Oui, à cause de ta légèreté.

D Qu'importe! la fortune ne fait pas le bonheur.

E Beaucoup de bien, il se trompe.

F Jamais, quoique tu en aies le désir.

H Non, ou cela serait injuste.

I Jamais, si tu ne fais pas le premier pas.

K Oui, prépare-toi à lui résister.

L Rien, tout à espérer.

M Ne rougis-tu pas de faire une telle question.

N Il aime trop le changement, tâche de l'attacher.

O Ne cherche pas à y aller; des déceptions t'y attendent.

P Ne choisis jamais une femme pour confidente.

Q Vous vivrez aussi longtemps l'un que l'autre.

R N'es-tu pas assez sage pour prendre une décision!

S Que tu as une bien mauvaise langue.

T Montre-toi moins légère.

U Mets-les à l'épreuve et choisis ensuite.

X Cette année, ou jamais.

G Tâche de l'être autant que lui-même.

J Cela ne regarde que toi; réfléchis quelques jours.

V Oui, et au bord de la mer: es-tu contente?

A Son amour pour toi indique que non.

B Demande à ton beau cousin.

C Jolie, mais sotte.

D Tu y trouveras l'homme qui te trompa jadis.

E Mieux vaut tard que jamais.

F Oui, mais ne lui laisse pas prendre trop d'empire.

H Tu les as tous, corrige-toi.

I Tu en as donc bien envie ?

K Économe d'argent, prodigue d'amour.

L Ton mari ne sera pas ce que tu crois.

M Parce qu'il y a longtemps que tu n'as eu de ses nouvelles.

N Connais-tu ses intentions d'abord ?

O Tu le sauras bientôt, malheureusement pour toi.

P En ne contrariant jamais sa volonté.

Q Oui, mais il pense que tu t'en occupes trop.

R En suivant toujours mes conseils.

S Pourquoi l'as-tu laissé traîner ?

T Malheureuse ! à quoi penses-tu ?

U Tous les deux, cela n'en ira pas plus mal.

X Tu ne seras jamais plus riche qu'aujourd'hui.

G Lequel ? tu en épouseras plusieurs.

J Une lettre, mais que veux-tu qu'il t'écrive ?

V La cause de tous nos maux.

A   Jusqu'à ce que le hasard vous rapproche.

B   Non, si tu le gaspilles.

C   Parbleu ! à son âge !

D   Brave homme, mais propre à rien.

E   Je te dis non ; tu iras malgré cela.

F   Laid et bossu, mais spirituel.

H   Tu n'auras pas ce bonheur-là !

I   Oui, si tu sais le retenir auprès de toi.

K   Il dort en rêvant à tes beaux yeux.

L   Il n'aura plus rien à souhaiter.

M   Rien ne te presse encore, réfléchis.

N   Il le croit si peu que tu ne le reverras plus.

O   Vous réussirez où d'autres succomberaient.

P   Oui, mais il saura qu'il a tort le soir de tes noces.

Q   Si tu n'en reçois pas demain, tu n'en recevras jamais.

R   Cela te serait donc bien agréable.

S   Le bon vin, tu le sais, engage les buveurs.

T   Tu le sais bien, pourquoi le demandes-tu ?

U   Il fait les yeux doux à ton trésor.

X   Tu attendras longtemps.

G   Quant à moi, je ne m'y oppose pas.

J   Qu'est-ce que cela peut te faire, petite insouciante.

V   Il sera aussi brutal plus tard qu'il est doux aujourd'hui.

4.

A Oui, et bien vite, puisque tu as tort.

B Ce soir, à la promenade.

C Non, il n'est pas assez riche.

D Autant que belle.

E Il te trompe, fais-y attention.

F Oui, mais il craint ta légèreté.

H Oui, par un vieillard riche mais avare.

I Oui, et tu ne sauras jamais laquelle.

K Oui, mais avec un vieillard.

L Les charmes de l'esprit et du cœur ? Oui, toujours.

M Qu'importe! si tu lui plais.

N Non, heureusement pour toi.

O Dans quelques jours nous verrons, cela ne presse pas.

P A qui donc voudras-tu plaire ?

Q Il s'en consolera plus vite que toi.

R Un seul, il t'aimera bien.

S Ton refus ne fera qu'augmenter sa passion.

T Ce serait ton malheur.

U Peux-tu croire qu'il est sérieux ?

X Oui, telle est ta destinée.

G Assez pour te donner des inquiétudes.

J Dans neuf mois tu sauras cela.

V Tu me demanderas cela dans un mois.

A Oh ! cela serait bien peu.

B Il t'aime trop pour cela.

C Oui, ceux qui te font voir tes défauts.

D Comment ne le serait-il pas, tu es si coquette.

E Le travail et la santé, voilà sa fortune.

F Qu'il aurait de la peine à trouver une femme plus adorable,

H Deux fois ! diable, tu seras incorrigible !

I Non, tu aimes trop le plaisir.

K Il a une autre idée, ne compte pas sur lui.

L Hélas ! oui, prends garde à toi.

M L'indiscrétion de tes amies.

N Oui, fidèle jusqu'à la mort.

O Il fréquente des amis qui le conseillent mal.

P Si tu veux, mais tu y trouveras toujours plus de peines que de plaisir.

Q Ce serait là une bien mauvaise résolution.

R Oh ! la question est des plus délicates.

S Aime et porte-toi bien, voilà la vraie richesse.

T Que tu es adorable.

U Cela ne me regarde pas.

X Consulte tes parents, tu t'en trouveras bien.

G Tu dois savoir à quoi t'en tenir à ce sujet.

J Ne t'y fie pas, c'est un vantard.

V Oui, car on cherche à t'éloigner de toi.

A Il n'est pas assez sot pour cela.

B Beaucoup trop, et il le prouvera.

C Comment le préfères-tu ?

D Laide comme la mort.

E Le dieu d'amour t'y guettera.

F Fi ! Mademoiselle, vous n'êtes qu'une enfant.

H Je ne le crois pas très-épris de ta personne.

I La vanité, tu es belle, mais il y a mieux que toi.

K Dans six mois au moins, dans un an au plus.

L Autant qu'on peut l'être.

M Ce sera de ne plus coucher seule.

N Tu crains qu'il ne t'ait pas remarquée.

O Oui, tu lui feras plaisir.

P Tu es trop jolie pour qu'il résiste à sa passion.

Q Montre-toi aimante et soumise.

R Oui, mais il croit que c'est pour plaire à d'autres.

S Ne t'inquiète pas, tes malheurs vont finir.

T Cela est plus difficile à retrouver qu'à perdre.

U Non ! pas de concessions, ton salut en dépend.

X Le meilleur de vous deux.

G A quoi bon ? pour la gaspiller.

J Es-tu sûre que tu épouseras, d'abord ?

V Oui, et surtout ne manque pas de la refuser.

A. Ton détestable caractère.

B Il désire autant que toi en voir la fin.

C Cela ne dépend que de toi.

D Non, et il n'en aimera jamais d'autre.

E Tu le jugeras mieux que moi quand tu le connaî-

F Demande à ta mère.   [tras.

H Il aura une de ces figures dont on ne dit rien.

I Marie-toi d'abord, nous verrons ensuite.

K Comment ne le serait-il pas !

L Je ne saurais comment te le dire.

M Oui, si tu sais t'y prendre.

N Tu sais à quoi t'en tenir, comment se sont con-
duits les autres ?

O Il est toujours permis d'en douter.

P L'économie et le travail, voilà la source du
bien-être.

Q Tout le monde l'a mis au courant de ta conduite.

R Cela te serait bien agréable, n'est-ce pas ?

S L'oracle ne peut rien dire aujourd'hui.

T Je ne réponds de rien.

U C'est un vil et dangereux séducteur.

X Il ne sait pas aimer autre chose que l'argent.

G Mais tu dois savoir cela mieux que moi.

J Peut-être, je t'engage à y réfléchir longuement.

V Tu n'auras jamais que des chagrins d'amour.

A   Me consulter moins souvent.

B   A tout péché miséricorde.

C   Il brûle d'être auprès de toi.

D   Non, et ils auront raison.

E   On te trouve sotte, et c'est vrai.

F   Non, c'est un homme perfide qui abuse de ta confiance.

H   Oui, et il voudrait bien te le prouver.

I   Mademoiselle! au printemps prochain.

K   Tu es belle, bonne, spirituelle, tu ne peux rien craindre.

L   Tout vient à point à qui sait attendre.

M   Jusqu'à ton mariage.

N   Personne n'en doute et tu le sais bien.

O   Non, il n'est pas si bien que cela.

P   Oui, s'ils sont bons et indulgents.

Q   N'y compte pas, tu serais trompée.

R   Oh! oui, il sera inconsolable.

S   De plus jolies que toi en ont peu.

T   Demande à ta maman.

U   Tu aurais tort de compter sur elles.

X   Ne l'écoute pas ou il t'en cuira.

G   Oui, s'il remplit bien ses devoirs d'époux.

J   Il me semble que cela dépend de toi, tu auras le choix.

V   En galant homme et surtout en homme galant.

A   Tu ne le pourras pas.

B   Oui, tu le sais bien, du reste.

C   Oui, tant qu'il pourra.

D   Ton miroir et point d'autres.

E   Qui ne le serait à sa place?

F   Il te considérera comme son unique trésor.

H   Il te trouve bien légère.

I   Dans un âge très-avancé.

K   Non, tu es trop dépensière.

L   Il aurait bien tort, du reste, il ne te connaît pas.

M   Tu serais bien fâchée s'il n'y allait pas.

N   Ta rivale, tu en as une.

O   N'en est-il pas digne?

P   Il ne t'aime pas comme il le devrait.

Q   Cela n'est pas la place d'une bonne mère de famille.

R   Non, elles seraient jalouses de ton bonheur.

S   Aie donc des idées plus gaies.

T   Les riches n'aiment pas sincèrement.

U   Que tu es trop jolie pour lui.

X   Montre-toi bonne, modeste et vertueuse.

G   Ne réfléchis pas trop longtemps, sans cela ils s'éloigneront.

J   Non, on te connaîtra trop pour cela.

V   Il n'y a rien de bon à attendre de lui.

A Oui, pour toujours.

B Non, il est trop clairvoyant.

C Il est bête, mais si bon!

D C'est encore un secret.

E Jolie, mais d'un caractère atroce.

F Tu n'y seras guère remarquée.

H Mademoiselle, demandez cela à votre maman.

I Non, il n'est pas digne de ton amour.

K Tu n'as pas de cœur.

L Non, il te trouve trop jeune encore.

M Pas assez quand il s'agira de te faire plaisir.

N Une surprise qu'on n'éprouve qu'une fois dans sa vie.

O Ta coquetterie l'a éloigné, c'est bien fait.

P Tu n'auras pas lieu de t'en repentir.

Q Oui, tu sais bien qu'il n'est pas de bois.

R En ne le rendant pas trop esclave.

S Non, et cela l'empêche de t'aimer davantage.

T Dans quelques jours il t'aura pardonné.

U Console-toi : à l'impossible nul n'est tenu.

X Ce qu'il t'a demandé? tu veux le lui offrir?

G Mais, tu fais là une question bien grotesque!

J Tu seras toujours pauvre, jamais malheureuse.

V Oui, et il t'a déjà remarquée.

A Il ne pourra s'en empêcher.

b L'absence de celui que tu aimes.

C Elle doit durer toujours, tout est rompu.

D Ta vie entière se passera dans le bonheur.

E Eh bien, et toi?

F Il sera avare et ne songera qu'à ses écus.

H Oui, mais pas seule, ou alors...

I Pourquoi cette question, Mademoiselle? Vous le connaissez.

K Non, quoi que tu fasses, n'y compte pas.

L Cela n'est pas dans son tempérament.

M Il se demande si tu es vertueuse.

N Il sera ivre de bonheur.

O Ne t'y laisse pas prendre, il t'en cuirait.

P Non, mais il n'est pas sûr.

Q Fais ce que dois, advienne que pourra.

R Qu'importe? si tu l'es réellement.

S Tout vient à point à qui sait attendre.

T Oui, mais ne les accepte pas.

U Dans huit jours, tu le sauras.

X Il est trop tard, le mal est fait, tu le sais bien.

G Demande cela à ton miroir, il te répondra.

J Fais ce que dois; arrive que pourra.

V Oui, s'il l'exige; mais tâche de l'en dissuader.

A   Oh ! voilà qui demande réflexion !

B   Travailler davantage.

C   Tu en grilles d'envie.

D   Plus tôt qu'il ne convient.

E   Non, ils te trouvent trop jeune encore pour te laisser choisir.

F   Ta conduite suffit à prouver que tu ne l'es guère.

H   Comment pourrait-il en être autrement ?

I   Sans doute, la faim fait sortir les loups du bois.

K   Quand tu seras moins coquette et plus sérieuse.

L   Non, mais beaucoup espèrent le devenir.

M   Cela ne dépend que de toi.

N   Oui, si tu sais ménager ta santé.

O   Oui, belle, mais d'une beauté sans expression.

P   Oui, c'est lui. Comment s'est-il conduit ?

Q   Pourquoi pas ? A tout péché miséricorde.

R   Oui, s'il n'a pas à se plaindre de toi.

S   Il fera tout pour que tu y renonces.

T   Oui, mais ils se moqueront tous de toi.

U   Cela dépendra des circonstances.

X   Leur perfidie est sans égale.

G   Mais il t'a prouvé qu'il te la fait pour le bon et pour le mauvais.

J   Je ne t'en crois pas capable.

V   Pourquoi pas ? Jeune autant que beau.

A Oui, et tu t'en trouveras bien.

B Oui, si tu en as le courage.

C Il ne t'aime pas du tout.

D Oui, mais tu ne le sauras pas.

E Tous ceux qui te connaissent.

F Oui, et il te le fera bien voir.

H Il le dira, mais ne le sera pas.

I La vérité, que tu es parfaite.

K Dans quelques années, malheureusement pour toi

L D'abord, non! mais plus tard, oui! Très-heureuse.

M Oui, et vous ferez bon ménage.

N Tu sais que oui, pourquoi le demandes-tu?

O Que tes goûts de dépense ne l'éloignent.

P Autant qu'il le méritera, c'est-à-dire toujours.

Q Il n'a pas d'amour-propre.

R Oui, mais n'y fais pas la coquette.

S Dans quelque temps, je réfléchirai.

T Tu ne dois pas faire une telle question.

U Beaucoup d'amour, un peu d'argent, voilà ce que je te souhaite.

X Ah! Mademoiselle, vous seriez trop heureuse de le savoir.

G Faire semblant de le dédaigner.

J C'est une affaire de goût, consulte le tien.

V Oui, avec un veuf ayant six enfants.

A   La source de tous nos maux.

B   Trop tôt malheureusement pour toi.

C   Oui, il est assez sot pour cela.

D   Beaucoup et du meilleur.

E   Blond comme les blés.

F   Elle est si belle qu'elle te porte ombrage.

H   Tu as bien autre chose à faire.

I   C'est une loterie, tâche d'amener le bon numéro.

K   Aime-le de toutes tes forces, il le mérite bien.

L   La gourmandise, fi! Quelle horreur!

M   Quand il connaîtra mieux ton caractère.

N   Il mangera tout si tu n'y veilles.

O   Patience! ce sera une surprise agréable.

P   C'est par suite de ta légèreté.

Q   Surtout ne lui accorde rien en échange.

R   Tu ne demandes que cela.

S   En te montrant toujours gaie et enjouée.

T   Vois toi-même comme tu es fagottée.

U   Il reviendra bientôt et avec lui le bonheur.

X   Non, même en cherchant bien.

G   Tu sais que cela ne se donne qu'une fois.

J   Ce sera celui qui en sera le plus digne.

V   Une petite fortune; sauras-tu t'en servir?

A   Tout nouveau, tout beau.

B   Oui, il t'aime tant.

C   Ton indifférence.

D   Il ne dépend que de toi d'en voir la fin.

E   Non, à cause de ton caractère.

F   Non, mais ce n'est pas la faute d'une de tes amies.

H   Ennuyeux, mais sans aucune méchanceté.

I   Tant va la cruche à l'eau... qu'elle se brise.

K   Laid, mais riche et vigoureux.

L   Oui, si tu es une épouse fidèle.

M   Autant que tu ne le trahiras pas toi-même.

N   Il songe à venir te voir.

O   Tu dois au moins le supposer,

P   Cela dépend de tes intentions.

Q   Il n'a pas le moindre soupçon.

R   La tâche n'est pas au-dessus de vos forces.

S   Il ne t'aime que pour cela.

T   Cela dépendra des circonstances.

U   Il t'en fera pour mieux te tromper.

X   Dans le doute, abstiens-toi.

G   Oui, ce qu'on t'a dit est vrai.

J   Tu n'es donc pas encore édifiée à ce sujet?

V   Je ne sais, mais tu as fait tout ce qu'il faut pour cela.

A   Non, car il est franc et loyal.

B   Hum! c'est grave! très-grave?

C   Lire moins de romans.

D   Oh! maintenant, il s'en moque bien.

E   Dans quelques instants, il sera près de toi.

F   Oui, et ils n'auront jamais eu plus raison.

H   On te trouve spirituelle jusqu'au bout des ongles.

I   Oui, il est bon, dévoué et aimant.

K   Peu, bien peu, mais courage!

L   Quand tu seras moins indiscrète.

M   Oui, mais qui n'en a pas?

N   Mademoiselle! on ne fait pas une telle question
à votre âge.

O   Oui, mais ne gaspille pas ta jeunesse.

P   Trop jolie, trop coquette surtout.

Q   Oui, mais ne réalise pas le rêve avant le mariage.

R   Je t'avais bien prédit ce qui arriverait.

S   Cela dépendra de bien des circonstances.

T   Oui, mais cela ne doit pas t'arrêter.

U   Beaucoup trop pour ton bonheur.

X   Pour refuser quoi? Mademoiselle, expliquez-vous.

G   Jamais, quelles qu'elles soient.

J   Laisse-le faire, il laissera bientôt voir le bout
de l'oreille.

V   J'espère qu'il n'en sera pas autrement.

A   Tu ne demandes que cela.

B   Au milieu des bois et des prés.

C   Oui, s'il ne t'aime pas.

D   Es-tu bien sûre que tu l'aimes?

E   On te le dira, mais ce ne sera pas vrai.

F   Une seule et c'est assez..

H   Non, tu es trop laide.

I   Châteaux, parcs, domaines, rien ne lui manquera.

K   Qu'il fera bien de renoncer à t'épouser.

L   Veuve tu seras, veuve tu resteras.

M   Oui, jusqu'au moment où tes enfants te quitteront.

N   Oui, mais ne fais pas la coquette, il t'aime déjà.

O   Oui, il y sera arrivé avant toi.

P   Les mauvaises langues, il n'en manque pas.

Q   Oui, mais c'est ton devoir.

R   Il est trop ambitieux.

S   Ton mari ne le voudra pas.

T   Sois discrète, ton bonheur en dépend.

U   Oui, si tu sais être modérée dans tes plaisirs

X   La richesse dessèche le cœur.

G   Du mal! cela ne doit pas te surprendre.

J   Lui laisser croire que tu ne l'aimes pas.

V   Ah! tu voudrais peut-être les prendre à l'essai.

A Oui, demain dans la journée.

B Le bonheur à deux.

C Il est bien où il est, il y restera.

D Oui, c'est une confiance bien aveugle.

E Il n'a même pas celui de se taire.

F Méfie-toi des blonds.

H Tu le sais bien, mais tu ne veux pas le reconnaître.

I Tu y prendras froid et tu seras malade.

K Oui, si tu veux connaître le bonheur.

L Oui, mais ne laisse pas trop voir ta passion.

M La jalousie, et pourtant tu n'as pas de motifs.

N Quand il sera sûr que tu es vertueuse.

O Il te laissera le soin de tout diriger.

P Cela dépendra de ton mari.

Q Parce que tu es allée au rendez-vous.

R Prends toujours, mais que cela ne t'engage à rien.

S Oui, malgré le semblant de résistance que tu lui opposeras.

T Ne gaspille pas l'argent qu'il économise.

U Il trouve que tu préfères l'agréable à l'utile.

X En changeant de conduite.

G Oh! non, jamais, tu ne l'as pas perdu, tu l'as donné

J Oui, mais sous conditions, sans cela rien.

V Je ne désire pas que ce soit toi.

A   Tu le verras bien.

B   Tu le jugeras d'après ses œuvres.

C   Oui, il sait bien qu'il a eu tort.

D   La jalousie.

E   Il n'attend qu'un regard, qu'un signe pour revenir.

F   A la condition que tu changeras de conduite.

H   Mademoiselle, vous êtes trop curieuse.

I   Taquin, mais sans mauvais instincts.

K   Rappelle-toi le rendez-vous d'Ève avec le serpent.

L   Oui, et vous aurez à craindre les rivales.

M   Oui, et ils te procureront bien du bonheur.

N   Toujours et quand même.

O   Il déjeune avec des amis.

P   Aussi content que tu seras heureuse.

Q   Si tu en as l'intention, mes conseils n'y feront rien

R   Ta légèreté le fait craindre.

S   Oui, si vous restez honnêtes.

T   Tu en doutes donc toi-même?

U   Tu viens d'en recevoir, tu es donc insatiable?

X   Dans quelques jours tu le sauras.

G   Après quoi? tu ferais bien de t'expliquer.

J   Il cherche à te tromper, surveille-toi.

V   Oui, et malgré cela tu seras heureuse.

                                                   B.

A   Comme je me conduirais à sa place.

B   Ne devrait-il pas lui aussi se méfier de toi?

C   Oui, quoi qu'il puisse dire.

D   Ne pas tant penser à l'amour.

E   Vite, vite, ou il ne reviendrait pas.

F   Demande cela à ta mère.

H   Oui, à la condition que tu ne l'épouseras que dans un an.

I   Trop pour ton âge.

K   C'est un cœur d'or; pas de méfiance à son égard!

L   Comme l'abeille aime le miel.

M   On te présentera bientôt un prétendu.

N   On te l'a dit, n'en crois rien.

O   Oui, dans six mois avec le brun.

P   Non, tu as déjà perdu ta fraîcheur.

Q   Aussi jolie que peu sage.

R   Oui, Mademoiselle; quel joli rêve! n'est-ce pas?

S   Une faute! pourquoi l'as-tu commise?

T   Oui, si ses moyens le lui permettent.

U   Tu le sais bien, pourquoi le demandes-tu?

X   Tais-toi; tu déraisonnes.

G   Ne réponds pas à sa lettre, c'est facile.

J   Ce serait de la confiance bien mal placée.

V   Crois-tu donc que l'autre motif soit si mauvais?

A Non, sa vanité perdra tout.

B Oui certes, si tu l'aimes.

C Si tu le veux, je t'y engage.

D Pourquoi, s'il est digne de ton amour?

E Il t'aime plus que tu ne le mérites.

F On ne trompe pas une femme comme toi.

H On te le dit, n'en crois rien.

I Oui, et s'il te surprend, gare!...

K Riche en espérances.

L Il se trouve bien hardi d'oser t'épouser.

M Ton mari mourra après toi.

N Oui, et ce sera bien juste.

O Cela ne dépend que de tes parents.

P Oui, et on vous surprendra.

Q Rien, si tu suis mes conseils.

R Une telle question me fait craindre pour ton avenir.

S Il se croit supérieur à tout le monde.

T Ne cherche pas à y aller, tu exciteras des jalousies.

U A quoi bon? cela n'est pas utile.

X Si je te le disais, cela te ferait de la peine.

G Pour ma part, je n'hésiterais pas.

J Chacun t'apprécie suivant ses impressions.

V Feindre d'en aimer un autre.

A   Oui, à la promenade.

B   Oui, mais ne lui écris pas toi-même.

C   Demande cela à ta maman.

D   Quand tu voudras, il t'aime toujours.

E   On lui dit que non, il croit que si.

F   Cela lui viendra le soir des noces.

H   Des cheveux noirs... comme le fond de son cœur.

I   Sans doute, tu sais qu'il a bon goût.

K   Ne te laisse pas emporter par la valse.

L   Oui, si tu es sûre d'être heureuse.

M   Ne fais pas attention à lui.

N   C'est de vouloir manger du fruit défendu.

O   Quand il sera sûr que tu n'en aimes pas un autre.

P   Oh ? il n'est pas à cela près.

Q   Ai-je besoin de te le dire, tu le sais bien.

R   Parce que tu as perdu... ce qui te restait.

S   Attends encore, cela ne me presse pas.

T   Tu sauras être faible à propos.

U   Ne te montre pas jalouse.

X   Il t'aime tant qu'il te trouve toujours bien.

G   Par quelle porte y es-tu donc entrée ?

J   Cela ne me paraît guère possible.

V   Tu n'as que cela pour toi, garde-le.

A   A tous les cœurs bien nés la patrie est chère.

B   Qui donc n'en a pas?

C   De plus en plus doux et aimable.

D   Son indulgence n'a d'égal que son amour.

E   Parce que tes parents s'opposent à ton mariage.

F   Toujours, heureusement pour toi.

H   Il durera autant que ton existence.

I   Il a eu quelques caprices sans conséquence.

K   Il sera meilleur que le tien.

L   Cela dépend; as-tu encore quelque chose à perdre?

M   Vous seule le trouverez charmant.

N   Oui, l'aîné sera un grand homme de guerre.

O   Oui, si tu ne t'exposes pas à ses reproches.

P   Des projets pour votre avenir.

Q   Oui, s'il trouve ce qu'on lui a promis.

R   A la condition que tu lui demanderas des gages.

S   Oui, sans cela il te quitterait.

T   Le tout dépendra des débuts.

U   Oui, et il sera bien trompé, n'est-ce pas?

X   Mademoiselle! vous êtes une petite indiscrète!

G   Oui, mais quels cadeaux?

J   Non, son feu sera vite éteint.

V   Oui, certes; tiens-toi pour bien avertie.

A   Il aura votre âge, mademoiselle.

B   Tu dois bien t'en faire une idée.

C   Il ne pense pas un mot de ce qu'il dit.

D   Oui, mais sache choisir l'instant propice.

E   Te promener.

F   Oui, et il t'aimera bien à l'avenir.

H   Tu le sais bien, pourquoi le demandes-tu?

I   Tu le sais bien, petite indiscrète.

K   Le peu d'esprit que tu as est gâté, parce que tu
        crois en avoir.

L   Vois par toi-même, et tu sauras à quoi t'en tenir.

M   Beaucoup, mais la timidité le retient.

N   L'oracle ne peut répondre, il te trouve trop jeune.

O   Non, cela ne se peut, il n'aime que toi.

P   Oui, malheureusement pour celui qui t'épou-
        sera.

Q   Voudrais-tu donc une jeunesse éternelle?

R   N'écoute pas tous ceux qui te le disent.

S   Oui, et tu le verras bientôt autrement.

T   Oui, mais avec des précautions.

U   Ah? voilà bien la demande d'une coquette.

X   Oui, et cela te donne à réfléchir, n'est-ce pas?

G   Quel appétit? mademoiselle, quel appétit?

J   Ne pas aller au rendez-vous qu'il t'a donné.

V   La jalousie étouffe toutes leurs qualités.

A Oui, puisque la première leçon ne t'a pas suffi.

B Oui, si tu ne lui accordes rien.

C A la condition que tu seras prudente, oui,-

D Oui, et tu en seras le plus bel ornement.

E Tu sais cela mieux que moi.

F Il n'aime que ta dot.

H Oui, et c'est ta faute.

I Amies en apparence, au fond elles te portent envie.

K Il ne le sera pas, il est trop sot.

L Il le deviendra par son travail et son intellligence.

M Que tes toilettes sont coûteuses et extravagantes.

N Trop tôt pour toi et tu ne retrouveras jamais un mari.

O Oui, d'abord, moins plus tard.

P Petite indiscrète! tu l'aimes donc bien?

Q Oui, et ce sera ta perte.

R Qu'il ne t'échappe, sache le retenir.

S Oui, sans cela tu seras malheureuse.

T Entre nous soit dit, il est un peu niais.

U Si tu y vas, tu y perdras la tranquillité du ménage.

X Cache-leur tout au contraire.

G Le plus âgé, du moins c'est probable.

J Je ne comprends même pas que tu hésites.

V Quant à moi, je n'en dis rien.

A La fortune ne fait pas le bonheur.

B Il passe chaque jour près de toi.

C Non, il t'a oubliée; une autre a pris son cœur.

D Indiscrète. tu le sauras le soir de tes noces.

E Oui, mais il t'aimera bien moins.

F Tu le crois donc bien niais?

H Trop, car il en fait mauvais usage.

I Complétement brun.

K Oui, mais il te préfère quand même.

L Tu le verras, il y sera.

M Oui, si tu aimes ton futur.

N Crois-tu qu'il n'en aime pas une autre?

O L'indiscrétion, on ne peut rien te confier.

P Il attend ton consentement et celui de sa famille.

Q Oui, mais sans excès.

R Un grand plaisir et une grande fatigue.

S Parce qu'il aime ta cousine.

T Pourquoi le demandes-tu? tu as déjà accepté.

U Ne sais-tu pas qu'il n'en pourrait être autrement?

X Il ne songe pas à s'en éloigner.

G Je ne crois pas qu'il y fasse attention.

J Plus facilement que tu n'y es entrée.

V Sais-tu seulement où et quand tu l'as perdu?

A Dans un an.

B Pierre qui roule n'amasse pas mousse.

C Oui, mais ils seront très-supportables.

D Cela n'est pas très-certain.

E Non, il a trop d'amour-propre.

F Ta coquetterie.

H Bientôt, tout sera fini, mais ne recommencez pas.

I Oui, si tu cesses d'être coquette.

K Oh! oui, il est volage comme un papillon.

L Triste comme un brouillard d'automne.

M Ah! Mademoiselle, si vous y allez, vous savez bien ce qui arrivera.

N Oui, mais d'une avarice et d'une jalousie.

O Beaucoup, sache les élever.

P Oui, mais à la condition que tu ne le perdras pas de vue.

Q Il s'habille pour aller au rendez-vous.

R Cela dépend de quelques circonstances.

S Tu ne devrais plus t'y laisser prendre.

T Non, et il a pour cela de bonnes raisons.

U J'en doute, mais courage et travaillez!

X Il a de bonnes raisons pour en douter.

G Oui, et des mauvaises quelques jours après.

J Oui, mais tu sauras le prix qu'ils te coûteront.

V Il vaut mieux ne pas t'y exposer.

A Oui, et il en est bien digne.

B Beaucoup trop jeune, surveille-le.

C Galamment, trop galamment.

D Cela demande réflexion, va doucement.

E Il s'en apercevra toujours bien.

F Ne plus penser à lui.

H Non, il est incorrigible.

I Il a bien autre chose à faire.

K Oui, mais ils auront lieu de s'en repentir.

L Oui, plus que tu ne mérites la sienne.

M Oui, mais peu sérieuse.

N Il n'aime que ton argent.

O Oui, si tu te corriges de tes défauts.

P Oui, mais tu l'emporteras sur elle.

Q A l'impossible nul n'est tenu.

R Tu crains déjà, coquette.

S Belle à n'y pas croire.

T C'est lui, te voilà bien heureuse.

U Ils savent tout et n'osent le croire.

X Tu le sauras bientôt, tranquillise-toi.

G Il a dû te le laisser entrevoir.

J Plusieurs amoureux! et pourquoi faire?

V Évite toujours de le rencontrer.

A   Entre les deux ton cœur balance.

B   Oui, mais tu es insatiable.

C   Non, il est trop fat.

D   Ne l'encourage pas outre mesure.

E   Tu aurais tort de l'espérer.

F   Oui, ne plus le voir du tout.

H   Il t'aime beaucoup.

I   Il en aura l'intention, surveille-le.

K   Ta sœur seule, les autres non.

L   Ce sera le moindre de ses soucis.

M   Riche autant qu'avare.

N   Que tu es jolie, mais sotte.

O   Oui, et ta première sortie sera pour te remarier.

P   Heureuse! oui, assez pour te satisfaire.

Q   Oui, mais ne te laisse plus courtiser par l'autre.

R   Un grand malheur l'en empêchera.

S   Qu'il ne soit pas content le soir des noces.

T   Crois-tu donc qu'il serait beau de le tromper?

U   Il est trop froid, tu le sais bien.

X   Oui, mais cela lui fera beaucoup de peine.

G   Tu ne peux donc pas garder pour toi tes secrets?

J   Demande-moi autre chose, si tu le veux bien.

V   Aime d'abord, pense à l'argent ensuite.

A Toi, si tu veux.

B Bonne renommée vaut mieux que ceinture dorée.

C Hier encore, au bal.

D Oui, mais une lettre de perfidies et de menson-
     ges.

E Ah! tu le sais mieux que qui que ce soit.

F Fais tout ce que tu pourras pour l'en empêcher.

H Il a de bonnes raisons pour ne pas le croire.

I Oui, jusqu'au bout des ongles.

K Entre l'une et l'autre nuance.

L Belle à en devenir fou.

M Tu y rencontreras ta rivale.

N Attends, rien ne sert de courir.

O Non, c'est un fat, il se moque de ton amour.

P L'orgueil; méfie-toi, cela te fera tort.

Q Il ne demande que cela, mais il est trop timide.

R N'y compte pas, tu te tromperais.

S Tu le verras quand tu y seras.

T Parce que tu es allée au bal.

U Il ne t'a rien offert encore, demande cela plus
     tard.

X Tu recherches le danger, prends garde,

G Lui promettre tout, ne lui accorder rien.

J Ta physionomie seule attire ses regards.

V Vous y êtes entrés à deux, vous en sortirez à trois.

A Ta dot, voilà ce qu'il aime.

B Neuf mois après ton mariage.

C Non, à moins de nécessité absolue.

D Oui, beaucoup et par ta faute.

E Oh! non, il changera bientôt de caractère.

F N'y compte pas, il a de la rancune.

H Ton amie qui te trompe.

I Une brouille déjà; que sera-ce plus tard?

K Oui, si tu es moins légère.

L Il a un cœur d'artichaut, il en a donné une feuille à toutes les femmes.

M Viveur, toujours absent du domicile.

N Qu'il écrive, mais pas de rendez-vous.

O Oui, mais mou, froid et paresseux.

P Tu n'auras qu'une fille, elle sera belle, surveille-la.

Q Oui, oh! oui, toujours.

R Si je te le dis, tes beaux yeux vont pleurer.

S Es-tu sûre de ne pas le mécontenter?

T As-tu donc déjà oublié l'autre?

U Il ne croira le contraire que quand il sera trop tard.

X Oui, mais ne soyez pas trop ambitieux.

G Oui, cela est bien surprenant.

J Tu n'en recevras pas du tout.

V Tu sais, il y a cadeau et cadeau.

A   Tu dois bien le savoir.

B   Toujours, jusqu'à ta dernière heure.

C   A jeune femme il faut jeune mari.

D   Tu sais bien qu'il n'est pas de marbre.

E   Il ne te trompera jamais.

F   Oui, mais avec habileté,

H   Te marier; le remède est bon.

I   Oublie tout et pardonne.

K   Cela ne dépend que de toi.

L   Ils l'approuveront et en seront même très-heureux'

M   Oui, mais pas assez modeste.

N   Mets-le à l'épreuve, tu le sauras par toi-même.

O   Il t'aime à en devenir fou.

P   Quand tu seras moins coquette.

Q   Oui, et elle est dangereuse.

R   Oui, mais quand tu le seras, tu n'auras pas lieu de t'en féliciter.

S   Il me semble qu'il t'en reste bien peu.

T   Oui, bien jolie, mais qu'est-ce que cela prouve?

U   Tu sauras cela dans huit jours.

X   Laisse-moi réfléchir quelques jours encore.

G   Voilà donc le but que tu te proposes en l'épousant?

J   Qu'importe? si tu ne l'aimes pas.

V   Tu penses qu'abondance de biens ne nuit pas.

A   Cesse d'être coquette.

B   Prends le plus riche.

C   Oui, malheureusement pour le second.

D   Avec lui, pas de secret possible.

E   Ne t'abandonne pas trop à sa passion.

F   Cela n'est pas encore décidé.

H   Essaye, mais tu ne le pourras.

I   Tu l'aimes donc bien?

K   Autant que tu le tromperas de ton côté.

L   Cherche bien et tâche de ne point te tromper.

M   Jaloux à en devir fou.

N   Très-riche, mais d'un caractère détestable.

O   Que ta pruderie est trop exagérée pour être sincère.

P   Oui, et ne te remarie pas, le second ne vaudra pas le premier.

Q   Jamais! tu es trop dépensière.

R   Le destin ne s'est pas encore occupé de toi, tu es si jeune.

S   Une rivale le retiendra près d'elle.

T   De ne pouvoir lui offrir ce qu'il est en droit d'attendre.

U   Si tu en doutes, éloigne-le de suite.

X   Il est trop..... entreprenant, sois tranquille, il

G   Ton devoir t'appellera ailleurs.   [se calmera.

J   Si tu y tiens, je ne puis m'y opposer.

V   Le moins vertueux.

A Peux-tu faire une pareille question?

B Toi, et cela n'en ira pas mieux.

C Contentement passe richesse.

D Tu l'as vu dans ton dernier rêve.

E Oui, il te demandera un rendez-vous.

F L'amour, c'est de la folie.

H Il y pense déjà; espère.

I Tu lui as prouvé le contraire.

K Un esprit solide et charmant.

L Il est tout gris, c'est un vieillard.

M Elle ne peut rivaliser avec toi.

N N'y fais pas trop la coquette, cela ne te sied pas.

O Quelle mouche vous pique! belle adorée.

P Il veut te faire servir à son plaisir, mais voilà tout.

Q Tu aimes trop la toilette, tu ruineras ton mari.

R Attends! attends! Cela ne presse pas.

S Il ne l'est pas, il le deviendra.

T Ton mari en éprouvera une bien plus grande.

U Parce que tu ne travailles pas.

X Rien ne pourrait t'en empêcher.

G Il n'a pas d'autre but que celui-là.

J Le rendre heureux, cela t'est facile.

V Oui, à cause de ta simplicité.

A Non, il est franc comme l'osier

B Il t'aime pour toi-même.

C Tu aurais tort de compter là-dessus.

D On n'est jamais mieux que sur le sol natal.

E Un seul! celui de n'en avoir pas.

F Quand il te connaîtra mieux, il deviendra méchant.

H Cela demande réflexion, il réfléchit.

I Tu crains de ne pas être aimée.

K Non, puisque tu veux la voir cesser.

L Bien court et par ta faute.

M Que t'importe? s'il n'aime plus que *toi*.

N Maussade, mais bon travailleur.

O Rendez-vous! cela veut dire *rendez-vous*.

P Beau et bon.

Q Tu en auras tant qu'on t'appellera la mère Gigogne.

R La fidélité sera la principale de ses qualités.

S Comme tu es indiscrète.

T Non, car il verra qu'il s'est trompé.

U S'il t'aime sincèrement, oui.

X Oui, mais ta coquetterie lui inspire de l'inquiétud

G Consulte-moi quand le moment sera venu.

J Oui, il le croit; a-t-il raison?

V Oui, tu peux compter là-dessus.

A Pas plus dans l'une que dans l'autre.

B Résiste toujours, tu le verras bien.

C Jusqu'au moment où tu t'apercevras qu'il te trompe.

D Jeune, beau et bien fait.

E Si tu le savais, tu n'y irais pas.

F Aie confiance entière en lui.

H Oh ! cela ne me regarde pas.

I Ne plus le voir.

K N'as-tu pas toi aussi besoin d'indulgence ?

L Dans quatre ans, c'est long, n'est-ce pas ?

M Malgré eux, mais ils sentent qu'il le faut.

N Ceux qui sont sots pensent que tu ne l'es pas.

O Et toi, mérites-tu la sienne ?

P Il te le dit, n'en croit rien.

Q Mademoiselle ! demandez cela à votre maman.

R Que cela te serve de leçon, ta légèreté est cause de cette rivalité.

S Dans un an ou jamais.

T Pourquoi te répondre ? Cela te fâcherait.

U Dans un an, ta beauté sera flétrie.

X Peut-être ; cela n'est pas encore certain.

G Cela est-il absolument nécessaire ?

J Ce sera tout ce qu'il pourra te donner.

V Il s'attend à tout de ta part.

A   Tout ce qu'on en pense.

B   Ne sois plus bavarde.

C   Celui qui te plaît le mieux.

D   Tu refuseras et tu feras bien.

E   Méfie-toi, c'est le plus sûr.

F   Oui, mais modérément, ne mets pas le feu aux
    poudres.

H   Oui, et tu y seras heureuse.

I   Renonce, il n'est pas digne de toi.

K   Oui, et ce n'est pas peu dire.

L   Il s'en cachera, que te faudra-t-il de plus ?

M   Mets-les à l'épreuve, tu le sauras.

N   Autant que tu le sauras toi-même.

O   Très-riche, très-sot et infidèle.

P   Que lorsqu'il sera ton mari il sera bien heureux

Q   Oui, et tu épouseras un veuf avec cinq enfants

R   Ta conduite sera toujours cause de ton malheur

S   Il s'en gardera bien.

T   Ne te dérange pas tu perdrais ton temps.

U   De ne pas être aimée comme tu le mérites.

X   C'est ce que tu pourras faire de mieux.

G   C'est un ivrogne, tâche de le corriger.

J   Non, il sera trop jaloux pour t'y conduire.

V   Elles sont plus indiscrètes les unes que les au
    tres.

A Cela ne se retrouve jamais.

B Jamais, ou tu auras du regret.

C Ton mari et cela vaut mieux.

D Oui, si tu te contentes de peu.

E Celui qui vient de passer. Comment le trouves-tu ?

F Oui et ne crois pas un mot de ce qu'elle contiendra.

H C'est une maladie et tu en souffres.

I Jamais ; il en aime une autre.

K Non, et il te le dira.

L Il le dit, cela prouve que non.

M Il n'est pas aisé de le savoir.

N Oui, mais la coquetterie la dépare.

O L'atmosphère du bal nuit à la fraîcheur du teint.

P Non, tu ne sais pas ce qui t'attend.

Q Tu ne peux qu'y gagner.

R La méchanceté, elle se lit sur ton visage.

S Il hésite encore, il te trouve trop bavarde.

T Oui, si tu sais le retenir auprès de toi.

U Tu seras désagréablement surprise.

X Parce qu'il connaît ta conduite.

G Cela dépend de la façon dont il te les offrira

J Tu dois au moins le craindre.

V Ne le contrarier en aucune façon.

A   Oui, et même davantage.

B   Oui, tu t'en trouveras bien.

C   Il ne pense pas même à ta dot.

D   Plus tôt que tu ne le voudras.

E   Ne quitte pas le certain pour l'incertain.

F   Oui, à cause de ta jalousie seulement.

H   Il sera vif, emporté, mais bon néanmoins.

I   J'en doute, la faute est grave.

K   Son départ.

L   Trop tôt, malheureusement pour lui.

M   Le bonheur est la fleur dont la vertu est la graine.

N   Demande à la meilleure de tes amies.

O   Affectueux, mais d'une jalousie...

P   Mademoiselle, ne jouez pas avec le feu !

Q   Aussi laid que tu es jolie.

R   Heureusement que tu n'en auras pas, tu serais mauvaise mère.

S   Oui, fidèle jusqu'à la dernière heure.

T   Je ne sais si je dois te le dire.

U   Très-content et il te le prouvera

X   Ne t'y fie qu'à moitié.

G   Tout le monde le croit ; quelle erreur !

J   Oui, avec de la prudence, de l'économie et de l'ordre.

V   Il a la confiance si facile qu'il le croit.

6.

A Rien n'est plus facilo si tu es décidée.

B Elles sont envieuses de ton bonheur.

C Qui te porte à en douter?

D Trois mois au plus.

E Cela dépend de toi, tu auras le choix.

F Comme doit se conduire un homme de son âge.

H Pourquoi? As-tu des soupçons sérieux?

I Il t'aime tant qu'il te pardonnera.

K En chercher un autre.

L Pourquoi pas, la faute est si légère.

M Il est parti au loin et pour toujours.

N Il pense comme toi que c'est un trésor.

O Oui, démon, c'est ce qui te perdra.

P Il serait sage de croire que non.

Q Il te l'a prouvé bien des fois, trop souvent même.

R Oui, par un blond et par un brun en même temps.

S Oui, mais elle n'est pas dangereuse.

T Dans quatre ans, mais patience! Tu n'auras rien perdu pour attendre.

U Non, si tu as trop abusé du plaisir.

X Non, et tu es assez vexée de l'avoir demandé.

G Ce rêve, Mademoiselle, n'était pas un cauchemar.

J Oui, il le faut absolument, pas d'hésitation.

V Tais-toi, fille d'Ève, la coquetterie te perdra.

A Hésiteriez-vous, Mademoiselle?

B Que tu es jolie, et c'est vrai.

C Cache-lui ton mauvais caractère.

D Celui que tu estimes le plus.

E Tu es bien adroite, mais tu n'y parviendras pas.

F Garde tout, si tu ne veux rien perdre.

H Tâche plutôt de le modérer, il me paraît bien ardent.

I Non, une petite ville.

K Oui, il est grand temps.

L Oui, Mademoiselle, vous voilà bien contente.

M Oui, avec une de tes amies.

N Si tu en trouves une, ne cherche plus.

O Non, jusqu'au jour où il aura tout découvert, et alors...

P Oui, s'il sait se contenter d'une honnête aisance.

Q Que tu lui procureras bien de l'agrément.

R Tu le croiras un moment, mais ce sera une fausse joie.

S Non, tu as trop mauvais caractère.

T Oui, et cela ne tardera pas.

U Non, car il vient d'apprendre tout.

X Ne crains rien, l'avenir est à toi.

G Tu ne parais pas y être bien résolue.

J Il est trop infatué de sa personne, cela le dépare.

V Le bal est l'ennemi du repos; fuis le bal.

A Tu n'en sortiras pas, malheureusement.

B Qu'as-tu donc perdu? malheureuse.

C Non, non, mille fois non!

D Toi, si tu sais t'y prendre.

E Non, mais tu ne manqueras de rien.

F Oui, le frère de ta meilleure amie.

H Je t'engage même à la refuser, tu t'en trouveras bien.

I C'est un plaisir de courte durée.

K Peut-être, mais cela n'est pas certain.

L Non, mais il s'en soucie peu.

M Il le croit, il se trompe.

N Ton futur! tu n'en as pas.

O Affreuse, mais d'un caractère charmant.

P Le bal est la ruine de la santé et du bonheur.

Q Plus tard, il ne sera plus temps.

R Il est trop tard, il en aime une autre.

S Maussade, on ne peut t'aimer si tu ne te corriges.

T Il pense qu'il a encore le temps, cela ne le presse pas.

U Sois-le de ton côté, tout ira bien.

X Tu perdras... connaissance.

G La nuit sans sommeil que tu viens de passer.

J Oui, mais pas en cachette.

V Tu seras plus faible encore quand tu seras en tête-à-tête avec lui.

A . Un seul, le soir de tes noces.

B Non, car il n'aura pas trouvé ce qu'il cherchait.

C Certes! il est volage comme un papillon.

D Il t'aime bien sincèrement.

E Cela dépend beaucoup de toi.

F Non, jamais, sous aucun prétexte.

H Le chagrin de ne pas être jolie.

I Toujours aussi doux, mais mou....

K Oui, mais ne recommence pas.

L Il ne t'a pas même regardée.

M Pourquoi l'as-tu causée?

N Plus que tu ne mérites.

O Tu le crois donc de marbre?

P Gai comme un pinson.

Q Femme, la chair est faible, le diable est fort.

R Laid, mais amoureux.

S Tu as bien le temps de penser à cela.

T Ne le trompe pas plus qu'il ne te trompera lui-même.

U Il est au bal et il t'oublie.

X Oui, car il se contente de peu.

G N'as-tu rien de mieux à faire?

J Oui, mais tu dois le détromper.

V Oui, mais ne vous aventurez pas trop.

A Je te trouve bien exigeante.

B Tu ne refuseras pas, je le vois bien.

C Tu sais bien ce que femme vaut.

D Non, c'est par caprice.

E Non, malheureusement pour toi.

F Il sera vieux, infirme et insupportable.

H Tu seras enchantée de sa conduite.

I Il ne doute pas de toi, ne doute pas de lui.

K La question est des plus délicates.

L Devenir moins coquette que tu ne l'es.

M Ton avenir en dépend.

N Ta coquetterie l'éloigne pour longtemps.

O Non, ils ont bien compris qu'il te courtisait pour ta dot.

P Si tu es spirituelle, tu ne le laisses pas voir.

Q Il te vaut toujours bien.

R Il n'aime que lui.

S Tu aimes trop la toilette, cela effraye les amoureux.

T Oui, ton bonheur a excité l'envie d'une autre.

U Oui, grâce à tes charmes et à ton esprit.

X Tu seras toujours charmante pour ton mari.

G Les uns disent oui, les autres non; je réponds : oui.

J Tu es bien heureuse de faire de tels rêves.

V Il le faut bien, sans cela comment feras-tu?

A Tu as bien le temps de penser à cela.

B Tu sais bien que la richesse ne fait pas le bonheur.

C Du mal ; cela ne doit pas t'étonner.

D Tâche qu'il ignore ta conduite passée.

E Celui qui a le meilleur caractère.

F Non, on te connaîtra trop.

H Oui, s'il est muet.

I Non, puisque tu ne l'aimes pas toi-même.

K Une grande partie de l'année.

L Pourquoi, puisque tu l'aimes ?

M Comme cette question fait battre ton petit cœur.

N Tu le croiras, tu auras tort.

O Tant que durera ton bonheur ; ensuite l'abandon.

P Non, et pourtant ce ne serait pas sans motif.

Q S'il le devient, il t'abandonnera.

R Que tu serais parfaite si tu n'étais coquette !

S Jamais, et tu auras à marcher droit.

T Oui, si tu aimes l'argent,

U Non, non, tu auras beau faire, il ne se laissera
pas prendre à tes ruses.

X Oui, et ce sera pour te tendre un piége.

G De faire un faux pas, les chutes sont dange-
reuses.

J Si tu en doutes déjà, il est bien à plaindre.

V C'est de ne pas t'aimer suffisamment.

A Il n'y a même pas fait attention.

B Aussi heureusement que possible.

C N'y compte pas, c'est perdu pour toujours.

D Oh! cela demande réflexion!

E Le plus sage de vous deux.

F Oui, mais quand tu seras vieille.

H Non, jamais, c'est un étranger.

I Une lettre! prends garde, tu suis une mauvaise voie.

K Une loupe qui fait trouver les femmes jolies.

L Oh! non, il t'oublie complétement

M Son amour t'aveugle.

N Moins que de fortune.

O Brun et beau.

P Belle et bonne.

Q Non, ou tu auras du repentir.

R Quand tu seras moins légère.

S Tu ne pourrais mieux choisir.

T D'aimer trop le bal, cela te perdra.

U Il n'y pense même pas encore.

X Oui, mais quand il sera trop tard.

G Cela se sent mieux que cela ne s'exprime.

J C'est de n'avoir pas d'amoureux.

V Je n'ai rien à te répondre.

FIN.

www.ingramcontent.com/pod-product-compliance
Lightning Source LLC
Chambersburg PA
CBHW060621100426
42744CB00008B/1462